Sebastian Kunze

Schwarzbuch Geldsystem

Schwarzbuch Geldsystem

von

Sebastian Kunze

2. überarbeitete und erweiterte Auflage

ISBN 978-3748159605
Herstellung und Verlag: BoD- Books on Demand, Norderstedt

Vorwort zur 2. Auflage

Wir schreiben mittlerweile das Jahr 2019 und seit der Erstauflage sind vier Jahre ins Land gegangen.

Vier Jahre, in denen nichts unternommen wurde, was auch nur ansatzweise etwas an den Ursachen der seit 2008 andauernden Finanzkrise geändert hätte. Wir sehen weiter steigende Geldmengen und damit einhergehende Verschuldung in allen Sektoren, Negativzinsen, Ankaufprogramme der EZB, die Diskussion um die Abschaffung des Bargeldes und immer mal wieder ein paar strauchelnde Banken.

Die Krise am Finanzmarkt ist nicht vorbei, auch wenn sie medial nicht mehr so präsent ist. Die Probleme, die zur Finanzkrise geführt haben, sind nach wie vor nicht gelöst und so wird es unweigerlich den nächsten großen Crash im Finanzsystem geben.

Die Frage ist nicht ob, sondern wann die nächste Blase platzt. Insofern ist der Inhalt dieser kleinen Abhandlung nach wie vor brandaktuell.

Die 2. Auflage dieses kleinen Büchleins lässt den ursprünglichen Teil bis auf einige Aktualisierungen unverändert und widmet sich dann ausgewählten Kernfragen, die dem Leser die Struktur unseres Geldsystems noch tiefgreifender erklären sollen.

Ich wünsche eine angenehme und interessante Lektüre, die dem Leser so manchen Erkenntnisgewinn bringen möge.

Vorwort zur 1. Auflage

Seit 2008 sehen wir eine Abfolge von Krisen, die kein Ende zu nehmen scheint. Immobilienkrise, Bankenkrise, Wirtschaftskrise, Staatsschuldenkrise waren Begriffe, die man uns präsentierte.

Letztlich waren all diese Krisen lediglich Erscheinungsformen einer einzigen Krise: einer grundlegenden Systemkrise.

Und diese einzige Krise hat auch nur eine einzige Ursache.

Diese Ursache ist unser Geldsystem.

Diese kleine Abhandlung soll erklären, wie unser Geldsystem funktioniert – oder besser gesagt – warum es nicht funktioniert und welche Auswirkungen das hervorruft.

Inhalt

Einführung   001

Teil I

1 – Es werde Geld   003

2 – Das Mindestreservesystem   019

3 – Vermögen und Schulden   027

4 – Wirtschafts- und
    Geldmengenwachstum   033

5 – Geldmenge und Inflation   039

6 – Gewinner und Verlierer   047

Teil II

1 – Banken und Einlagen   053

2 – Zentralbank und Geldmenge   061

3 – Geld und Gesetz   077

4 – Kredit und Giralgeld   089

5 – Vertiefung der Ausführungen zum
    systemimmanenten exponentiellen
    monetären Wachstumszwang   099

Fazit   119

Was tun?   121

Nachwort   125

Einführung

Stellen Sie sich die Krise, die seit 2008 die Welt in Atem hält, einmal als großen Baum vor.

Es ist ein sehr großer Baum mit vielen dicken Ästen und noch mehr Zweigen, Blättern und Früchten. Ein dicker Ast des Baumes ist die amerikanische Immobilienkrise, die Bankenkrise ist ein anderer und auch Wirtschaftskrise und Staatsschuldenkrise sind Äste dieses Baumes.

Auf dem Baum finden Sie bankrotte Staaten und insolvente Banken, Sie finden Rettungspakete und Arbeitslose, Sie sehen Menschen, die ihre Häuser verloren haben und Jugendliche, die keine Zukunft haben. Sie sehen griechische Kinder, die in SOS-Kinderdörfern abgegeben werden, weil ihre Eltern nicht mehr für sie sorgen können und Rentner, deren Altersvorsorgen sich in Luft aufgelöst haben.

Die ganze Krise ist ein riesiger Baum und alles, was wir als Auswirkungen der Krise sehen, sind Äste, Zweige, Blätter und Früchte dieses Baumes.

Wir sehen den Baum und denken, er sei die gesamte Krise. Was wir nicht sehen können, ist die Wurzel des Baumes, da sie sich in der Erde unseren Blicken entzieht. Und genau wie die Wurzel eines jeden Baumes entzieht sich auch die Wurzel der Krise unseren Blicken.

Die Wurzel unserer Krise ist das Geldsystem. Das Geldsystem nährt die Krise, so dass die Äste immer dicker und die Blätter und Früchte immer reichlicher werden.

Diese kurze Darstellung soll dem interessierten Leser die Möglichkeit bieten, die Funktionsweise des Geldsystems zu verstehen und damit die Ursache der Krise zu begreifen, da die etablierten Medien das Geldsystem unzureichend thematisieren und nur äußerst selten kritisch hinterfragen.

Teil I

Kapitel 1

Es werde Geld

Weit über 90 Prozent der Menschen in Deutschland wissen nicht, wie unser Geldsystem funktioniert.

Henry Ford sagte vor fast 100 Jahren:

"Wenn die Menschen unser Geldsystem verstehen würden, dann gäbe es eine Revolution - und zwar noch vor morgen früh."

Damit hat er auch heute noch Recht und ich möchte im Folgenden das jetzige Geldsystem in aller Kürze möglichst verständlich erklären.

Lassen Sie uns mit einem Beispiel beginnen:

Beispiel 1

Stellen Sie sich vor, Sie wollen sich ein Haus bauen und brauchen Geld - sagen wir mal 100.000 Euro.

Was machen Sie?

Sie gehen zur Bank ihres Vertrauens und möchten einen Kredit aufnehmen. Die Bank prüft dann Ihren Kreditantrag, Ihre Kreditwürdigkeit und Ihre Sicherheiten. Wir gehen mal spaßeshalber davon aus, dass die Bank keine Zicken macht und Ihnen den gewünschten Kredit von 100.000 Euro gibt.

Es stellt sich die Frage: Woher nimmt die Bank das Geld?

Folgende Möglichkeiten könnte man in Betracht ziehen:

Die Bank

a) nimmt das Geld aus den Spareinlagen anderer Bankkunden,

b) leiht sich das Geld bei der Zentralbank,

c) entnimmt es aus ihrem Eigenkapital

oder

d) schafft das für die Kreditvergabe erforderliche Geld selbst.

Wenn Sie jetzt a) getippt haben, dann befinden Sie sich in bester Gesellschaft von schätzungsweise 90% aller Deutschen.

Die Antwort ist aber falsch.

Die richtige Antwort lautet: d).

Sie haben richtig gelesen, auch wenn es Ihnen vielleicht komplett verrückt erscheint:

Die Bank schafft den für die Kreditvergabe erforderlichen Geldbetrag selbst – oder anders formuliert:

DIE BANK ERFINDET DAS GELD.

In dem Moment, in dem der Bankangestellte Ihrem Konto 100.000 Euro gutschreibt, entstehen ebendiese 100.000 Euro. Der Geldbetrag von 100.000 Euro entsteht per Tastenklick auf einer Computertastatur. Diesen Vorgang nennt man auch "Giralgeldschöpfung". Die 100.000 Euro waren vor Kreditgewährung nicht da und sie verschwinden wieder, wenn der Kredit an die Bank zurückgezahlt wird.

MERKE: Geld entsteht als Kredit.

Bei JEDER Kreditvergabe entsteht neues Geld auf diese Weise, wie die Deutsche Bundesbank auch selbst bestätigt und zu dieser Frage auf ihrer Vertiefungsseite zum Thema Geldschöpfung ausführt:

„Tatsächlich wird bei der Kreditvergabe durch eine Bank stets zusätzliches Buchgeld geschaffen. Die weitverbreitete Vorstellung, dass eine Bank "auch altes, schon früher geschöpftes Buchgeld, z.B. Spareinlagen, weiterreichen" (könne), wodurch die volkswirtschaftliche Geldmenge nicht erhöht wird, trifft nicht zu."[1]

Geld entsteht also als Kredit - richtigerweise muss man diesen Satz noch erweitern:

ALLES Geld entsteht als Kredit.

---

[1] https://www.bundesbank.de/de/service/schule-und-bildung/schuelerbuch-geld-und-geldpolitik-digital/vertiefung--haeufig-gestellte-fragen-zum-thema-geldschoepfung

Es gibt in unserem Geldsystem nämlich lediglich zwei Prozesse, bei denen Geld entsteht:

a) Eine Geschäftsbank gibt einem Kunden (Unternehmen, Privatperson) einen KREDIT (siehe Beispiel 1 oben).

b) Eine Zentralbank gibt einer Geschäftsbank einen KREDIT.

Jetzt ist es an der Zeit, beim Lesen ein erstes Mal kurz inne zu halten und sich bei einem Blick in die eigene Geldbörse darüber klar zu werden, was obige Feststellung bedeutet.

Jeder einzelne Euro, den Sie oder ich im Portemonnaie haben, hat irgendein anderer als Schulden aufgenommen. Für jeden Euro, den Sie als Guthaben auf einem Bankkonto haben, hat irgendjemand in gleicher Höhe einen Kredit aufgenommen. Jedem Guthaben auf dieser Welt stehen als Kehrseite Kredite in gleicher Höhe gegenüber.

Weil Geld IMMER als Kredit entsteht. [2]

---

[2] Genau genommen gibt es noch die Möglichkeit, dass eine Bank einem Kunden einen Vermögenswert (Grundstück, Staatsanleihe, etc.) abkauft und den Kaufpreis im Wege der Geldschöpfung schafft. Da diese Form der Geldschöpfung aber im Verhältnis zur Kreditvergabe völlig unbedeutend ist, wird sie hier in der Darstellung vernachlässigt.

Der bedeutendste Vorgang, neues Geld zu erzeugen besteht darin, dass eine Bank im Wege einer Kreditvergabe Geld schöpft (=erfindet).

(Nahezu) ALLES GELD in unserem Geldsystem entsteht als Kredit - daher nennt man unser Geldsystem auch Schuldgeldsystem.

Nun ja, mögen Sie sagen, das habe ich jetzt verstanden, aber wo ist das Problem? Die Bank erzeugt das Geld – irgendjemand muss das ja tun – die Bank bringt das Geld in Umlauf und wenn der Kredit an die Bank zurückgezahlt wird, verschwindet das Geld wieder. Wo ist das Problem?

Das Problem heißt: ZINS.

Kommen wir noch einmal zu Beispiel 1 zurück: Sie nehmen bei der Bank den besagten Kredit in Höhe von 100.000 Euro auf. Die Bank will von Ihnen aber nicht nur 100.000 Euro zurück haben.

Sie will 100.000 Euro PLUS Zinsen.

Nehmen wir einmal an, dass der Zinssatz für den Kredit 5% beträgt und die Laufzeit 30 Jahre. Ihre monatliche Rate beträgt in diesem Falle 536,82 Euro. Nach 30 Jahren haben Sie an die Bank 193.255,55 Euro gezahlt. Die 100.000 Euro, die Sie als Kredit aufgenommen haben PLUS 93.255,55 Euro an Zinsen.

OK, sagen Sie, Riesensauerei - aber so ist das nun mal. Ich sehe aber immer noch kein Problem.

Das Problem ist folgendes: Die Bank hat 100.000 Euro Kreditsumme geschaffen, diese 100.000 Euro wurden von der Bank in den großen Topf namens Geldsystem hineintransferiert und können folglich auch wieder entnommen werden. Bis hierhin kein Problem - Nullsummenspiel.

Aber woher sollen die 93.255,55 Euro kommen, die Ihre Bank als Zins haben will? Ihre Bank hat die Zinsen jedenfalls nicht geschaffen, als sie Ihnen 100.000 Euro Kredit gab.

Wer also schafft die Zinsen?

Die Antwort: NIEMAND schafft die Zinsen.

Niemand schafft Geld, das originär als Zins dienen soll. Sie können also die Zinsen nur bezahlen, wenn Sie sich das Geld für Ihre Zinsen von anderen Marktteilnehmern "organisieren".

Dann allerdings fehlen die 93.255,55 Euro im System und jemand anderes kann seinen Kredit nicht zurückzahlen; von den Zinsen einmal ganz zu schweigen.

Klingt kompliziert?

Vertiefen wir das Gesagte mit *Beispiel 2*:

Auf einer Insel gibt es genau eine Bank und einen Kreditnehmer. Der Kreditnehmer nimmt wie im Beispiel 1 einen Kredit von 100.000 Euro auf. 5% Zinsen - Laufzeit diesmal 1 Jahr. Der Kreditnehmer soll also am Jahresende 105.000 Euro an die Bank zahlen.

Das funktioniert aber nicht.

Es fehlen im System genau 5.000 Euro - die Zinsen. Sie sind einfach nicht vorhanden, weil sie niemand geschaffen hat. Und da es in diesem Beispiel niemanden gibt, von dem sich der Kreditnehmer das Geld für die Zinsen "organisieren" kann, fällt jedem schnell auf, dass ein Schuldgeldsystem mit nur einem Teilnehmer nicht funktionieren kann.

Na gut, sagen Sie, ein Geldsystem mit einem Teilnehmer ist jetzt vielleicht nicht so realitätsnah.

Funktioniert es vielleicht mit mehreren Teilnehmern?

Beispiel 3:

Auf unserer Insel haben wir wieder eine Bank und diesmal drei Kreditnehmer. Alle drei nehmen jeweils 100.000 Euro als Kredit auf, bei 5% Zinsen und 1 Jahr Laufzeit. Jeder soll am Ende des Jahres 105.000 Euro an die Bank zahlen.

In Summe hat die Bank also 300.000 Euro "erschaffen" und will 315.000 Euro zurück.

Die drei können jetzt anstellen, was sie wollen - zumindest einer von den dreien wird am Ende des Jahres seinen Verpflichtungen gegenüber der Bank nicht nachkommen können. Es fehlen exakt 15.000 Euro im System - wie bereits in Beispiel 2 bis auf den Cent die Zinsen.

Ok - also mit drei Teilnehmern funktioniert es auch nicht.

Vielleicht mit 10?

Beispiel 4:

Insel - 1 Bank - 10 Kreditnehmer - 10 Kredite zu je 100.000 Euro - 5% Zinsen - Laufzeit 1 Jahr. Die Bank schafft in diesem Falle 10 x 100.000 Euro = 1 Mio Euro. Jeder der 10 Kreditnehmer soll 105.000 Euro an die Bank zurückzahlen. 10 x 105.000 Euro = 1,050 Mio Euro.

Auch hier hat die Bank nur die Kredite, nicht jedoch die Zinsen geschaffen. Es ist nicht möglich, dass alle Kreditnehmer ihre Verbindlichkeiten gegenüber der Bank erfüllen können. Auch mit 10 Teilnehmern funktioniert es nicht. Wie in den beiden vorangegangenen Beispielen fehlt auf den Cent genau der Zinsbetrag; diesmal 50.000 Euro.

Ein zinsbasiertes Schuldgeldsystem funktioniert also weder mit einem, noch mit drei oder mit 10 Teilnehmern.

Es funktioniert auch nicht mit 50 oder 1.000 oder 100 Mio. Kreditnehmern, denn das Grundproblem bleibt immer gleich:

Die Bank schafft den Kredit, nicht jedoch die Zinsen.

Der Leser mag jetzt einwenden: Naja - unser Geldsystem funktioniert doch aber schon länger als 1 Jahr.

Wie geht das?

Antwort: Weil die fehlenden Zinsen aus neuen Krediten finanziert werden.

Gehen wir zur Verdeutlichung dieser Aussage noch einmal zurück zu Beispiel 1: Die Bank schafft 100.000 Euro und will 193.255,55 Euro zurück. Wie oben dargestellt, entsteht in unserem Geldsystem Geld immer nur als Kredit. Folglich können auch die 93.255,55 Euro an Zinsen nur als Kredit entstehen - für den seinerseits wiederum Zinsen zu zahlen sind.

Ich benötige also Geld aus einer weiteren Kreditschöpfung, um die Zinsen für den ersten Kredit zu bezahlen.

Oder anders ausgedrückt: Ich brauche Kredite von morgen, um die Zinsen von heute zu bezahlen. Diese Vorgehensweise entspricht einem klassischen Schneeballsystem oder auch

Pyramidenspiel, das immer nur solange funktioniert, bis niemand mehr da ist, der die vorhergehende Stufe finanzieren könnte.

Und so kann unser Geldsystem immer nur weiter funktionieren, wenn neue, höhere Schulden aufgenommen werden. Und wenn höhere Schulden aufgenommen werden, erhöht sich die Geldmenge, weil das neue Geld ja ebenfalls ausschließlich als Kredit entsteht.

Dies kann man ganz deutlich an der Entwicklung der Geldmenge im Euroraum sehen: Während im Jahr 1980 die relevante Geldmenge M3[3] im Euroraum noch 1,1 Billionen Euro betrug, so stieg sie bis zum 01.10.2008 bis auf 9,37 Billionen Euro. Bis zum Jahr 2014 blieb die Geldmenge dann relativ stabil und lag im Juli 2014 bei 10 Billionen Euro. Ende 2018 lag die Geldmenge M3 bei mehr als 12 Billionen Euro.

12 Billionen Euro - und jeder einzelne Euro als Kredit geschaffen!

Selbst bei einem Zinssatz von nur 2,5% heißt das, dass im Jahr 2018 ca. 300 Milliarden Euro an Zinsen aufgebracht werden mussten!

---

[3] Die Geldmenge M3 ist ein zentraler Kennwert der EZB. M3 umfasst Bargeld und Sichteinlagen, Spar- und Termineinlagen sowie Geldmarktfondsanteile, Geldmarktpapiere, Schuldverschreibungen (bis zu 2 Jahren Laufzeit) und Beträge aus Wertpapiergeschäften.

Wenn man sich die Entwicklung der Geldmenge M3 seit 1980 als grafische Funktion ansieht, dann erkennt man bis 2008 eine deutlich exponentielle Funktion.

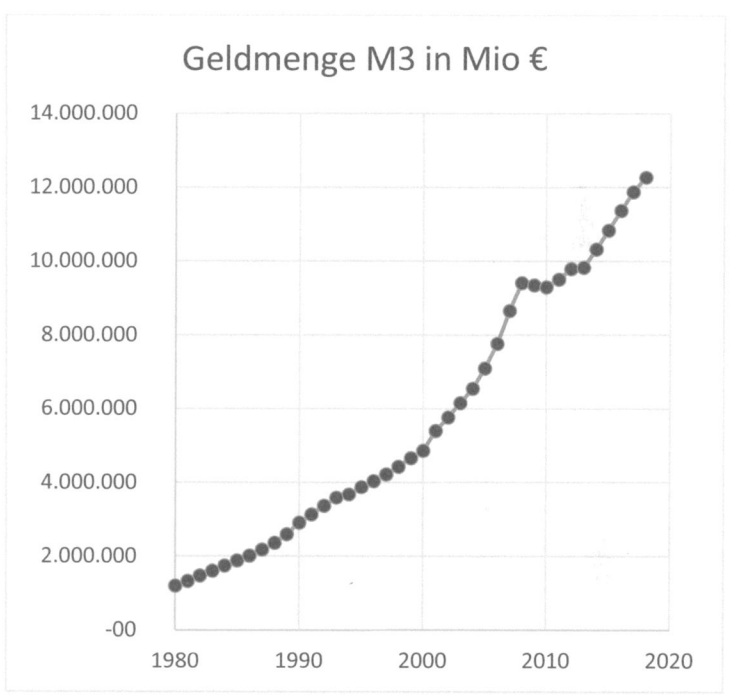

Von 2008 bis 2013 stagniert die Geldmenge nahezu; seit 2014 wächst sie wieder.

Das durchschnittliche Wachstum der Geldmenge betrug zwischen 1980 und 2008 7,7 Prozent.

Hätte sich dieses Geldmengenwachstum bis heute fortgesetzt, so läge die Geldmenge heute bereits bei knapp 20 Billionen Euro; 2025 würde sie bei 33 Billionen Euro liegen und im Jahre 2030 läge die Geldmenge bei ca. 48 Billionen Euro!

Dies überrascht nicht, da unser zinsbasiertes Schuldgeldsystem wie oben dargestellt ein Schneeballsystem ist und somit die Geldmenge genau wie die Verschuldung exponentiell steigen MUSS.

Aber warum steigt die Geldmenge dann seit 2008 nicht mehr im bis dahin üblichen Maße?

Weil der Patient Euro faktisch tot ist.

Am 15.09.2008 musste die US-amerikanische Investmentbank Lehman Brothers Insolvenz anmelden. Seitdem liegt der Patient Euro auf der Intensivstation und wird über Rettungspakete künstlich am Leben erhalten. Würde man den Graph der Geldmenge M3 über den 01.10.2008 hinaus logisch fortsetzen, dann würde die Geldmenge heute wie oben bereits erwähnt bei 20 Billionen Euro liegen.

Neues Geld hätte - wie immer - als Kredit geschaffen werden müssen, aber offensichtlich gibt es im System zu wenige Teilnehmer, die sich noch weiter verschulden könnten.

Die Grenzen der Verschuldung sind erreicht. Und deshalb kollabiert das System. Das ist jedoch alles andere als überraschend.

Jeder, der sich einmal flüchtig mit Exponentialfunktionen beschäftigt hat, weiß, dass exponentielles Wachstum in einem begrenzten System auf Dauer nicht möglich ist.

Deshalb kollabiert ein zinsbasiertes Schuldgeldsystem nach einer gewissen Zeit zwangsläufig.

Schlussfolgerungen aus Kapitel 1:

1.) In einem Schuldgeldsystem entsteht Geld als Kredit.

2.) Da die Bank im Rahmen der Kreditvergabe immer nur den Kredit selbst, nicht aber die Zinsen schafft, fehlen die Zinsen im System.

3.) In einem Schuldgeldsystem ist daher - egal wieviel Geld im System ist – für die Rückzahlung an die Bank immer zu wenig Geld vorhanden, da jedenfalls die Zinsen fehlen.

4.) In einem Schuldgeldsystem muss die Geldmenge ständig wachsen, da die Zinsen von heute aus den Krediten von morgen bedient werden müssen.

5.) Aufgrund des systemimmanenten Geldmengenwachstums wachsen auch die

Schulden fortwährend, da Geldmenge und Verschuldung zwei Seiten der gleichen Medaille sind.

Anmerkung zur 2. Auflage: Ob der von den Banken nicht geschaffene Zins tatsächlich der ausschlaggebende Punkt für das fortwährende Geldmengenwachstum ist, ist Gegenstand von Kapitel 5 im Teil II dieses Buches.

Kapitel 2

Das Mindestreservesystem

Nach der Entstehung von Geld möchte ich nunmehr das sogenannte Mindestreservesystem erklären, das im unmittelbaren Zusammenhang mit der Geldschöpfung steht.

Will die Bank wie im Beispiel 1 aus Kapitel 1 einen Kredit von 100.000 Euro vergeben und damit den Betrag von 100.000 Euro erschaffen, muss sie bei der Zentralbank die sogenannte Mindestreserve hinterlegen. Der Mindestreservesatz beträgt im Euroraum derzeit 1% (Stand Januar 2019). Für die Vergabe von 100.000 Euro Kredit muss die Bank daher 1.000 Euro bei der Zentralbank hinterlegen – und zwar nicht 1.000 Euro Giralgeld, die sie selbst schaffen kann, sondern 1.000 Euro Zentralbankgeld, das nur die Zentralbank schaffen kann.

An dieser Stelle sei zur besseren Verständlichkeit kurz erklärt, dass es in unseren Geldsystem zwei Geldkreisläufe gibt, die vollkommen voneinander getrennt sind und deren Geldmengen sich nicht miteinander vermischen:

a) Der Publikumsgeldkreislauf – hier zirkuliert das von den Geschäftsbanken geschaffene Giralgeld zwischen den Geschäftsbanken und den Nichtbanken.[4]

b) Der Interbankengeldkreislauf – hier zirkuliert das von der Zentralbank

---

[4] „Nichtbanken" sind Privatpersonen, Unternehmen und der Staat.

geschaffene Zentralbankgeld. Der komplette Geldverkehr zwischen der Zentralbank und den Geschäftsbanken sowie der Geldverkehr der Geschäftsbanken untereinander wird ausschließlich in Zentralbankgeld abgehandelt.

Insofern ist es für das Verständnis sehr hinderlich, dass beide Geldkreisläufe ihr umlaufendendes Geld „Euro" nennen. Richtigerweise müsste es „Geschäftsbank-Euro" im Publikumsgeldkreislauf heißen und „Zentralbank-Euro" im Interbankengeldkreislauf. Dann wäre klar erkennbar, in welchem Geldkreislauf man sich befindest und wer dieses Geld geschaffen hat.

Nun aber zu der Frage, wie die Geschäftsbank an das Zentralbankgeld kommt.

In der Regel nimmt die Bank in Höhe der erforderlichen Mindestreserve einen Kredit bei der Zentralbank auf. Für diesen Kredit muss sie an die Zentralbank den Leitzins[5] von derzeit 0,00% zahlen.

Ja – Sie haben richtig gelesen: 0,00%.

Jetzt rechnen wir für das obige Beispiel einmal Einnahmen und Ausgaben der Bank zusammen.

---

[5] Der Leitzins ist der Zinssatz, den die Zentralbank für die Bereitstellung von Zentralbankgeld von den Geschäftsbanken verlangt.

Die Bank schafft also 100.000 Euro als Kredit und will über 30 Jahre 193.255,55 Euro zurück.

Einnahmen der Bank aus Zinsen: 93.255,55 Euro.

Kosten der Bank aus dem Vorhalten der Mindestreserve - ich gehe der Einfachheit halber einmal davon aus, dass die Bank über die gesamte Laufzeit des Kredites (im Beispiel 30 Jahre) die Mindestreserve für die geschaffenen 100.000 Euro vorhalten muss:

Mindestreserve für 100.000 Euro bei 1% Mindestreservesatz: 1.000 Euro. Pro Jahr muss die Bank für diese 1.000 Euro 0,00% Zinsen an die Zentralbank zahlen = 0,00 Euro.

Das Ganze auf 30 Jahre gerechnet: 30 x 0,00 Euro = 0 Euro.

Die Gewinn- und Verlustrechnung der Bank sieht dann folgendermaßen aus:

Einnahmen: 93.255,55 Euro
Ausgaben: 0,00 Euro
Überschuss: 93.255,55 Euro

Bei der Marge nimmt jeder Drogenbaron vor Neid die Farbe seines Kokses an.

Ich fasse noch einmal zusammen:

Bei einer Kreditvergabe von 100.000 Euro hat die Bank weder die 100.000 Euro für den Kredit noch die 1.000 Euro Zentralbankgeld für die Mindestreserve.

Die 100.000 (Geschäftsbank-)Euro für den Kredit erfindet die Bank, indem ein Mitarbeiter der Bank die Zahl 100.000 in den Computer der Bank eingibt und diesen Betrag dem Konto des Kreditnehmers gutschreibt = Giralgeldschöpfung (s. Kapitel 1).

Die 1.000 Euro Zentralbankgeld für die Mindestreserve borgt sie sich bei der Zentralbank, die wiederum diese 1.000 (Zentralbank-)Euro erfindet.

Aus dem Kredit von 100.000 Euro erlöst die Bank über 30 Jahre 93.255,55 Euro an Zinsen.

Auf der Ausgabenseite stehen für die Bank unter gegenwärtigen Bedingungen exakt 0,00 Euro. Bleiben unter dem Strich für die Bank 93.255,55 Euro.

Annex zum Mindestreservesystem:

Gelegentlich sehe ich mich mit der Behauptung konfrontiert, dass die Banken bei der Kreditvergabe nicht nur die Mindestreserve von 1%, sondern aufgrund anderer Regelungen 2, 3 oder gar 8% des Kreditbetrages vorhalten müssten.

Nur um die betriebswirtschaftliche Irrelevanz dieser Behauptungen aufzuzeigen, rechnen wir das Geschäftsmodell der Bank doch einmal mit 10% Mindestreserve durch:

Mindestreserve für 100.000 Euro bei 10% Mindestreservesatz: 10.000 Euro. Pro Jahr muss die Bank dann für diese 10.000 Euro 0,00% Zinsen an die Zentralbank zahlen = 0,00 Euro.

Das Ganze auf 30 Jahre gerechnet:

30 x 0,00 Euro = 0 Euro.

Gewinn- und Verlustrechnung der Bank:

Einnahmen: 93.255,55 Euro
Ausgaben: 0,00 Euro
Überschuss: 93.255,55 Euro

Schlussbemerkung zum Mindestreservesystem:

Das beste Geschäftsmodell der Welt: überschaubarer Aufwand - null Risiko - grandiose Marge.

Kapitel 3

Vermögen und Schulden

Da alles Geld als Kredit entsteht, kann Vermögen also nur entstehen, wenn in gleicher Höhe Schulden aufgenommen werden.

Lässt sich diese These auch praktisch für Deutschland bestätigen?

Wenn das stimmen würde, dann müsste die Summe der Schulden von Privatpersonen, Unternehmen und des Staates der Summe der Vermögen entsprechen. Genau genommen müssten die Schulden höher sein, da die Schulden ja aus Kredit PLUS Zinsen bestehen, die noch keiner geschaffen hat.

Im Folgenden soll diese Fragestellung anhand der Daten aus den Jahren 1980 und 2010 untersucht werden.[6]

1980 beliefen sich die Schulden von Bund, Ländern und Kommunen auf 233 Milliarden Euro, die Schulden der Unternehmen auf 345 Milliarden Euro und die Schulden der privaten Haushalte auf 443 Milliarden Euro. Die Gesamtverschuldung von Staat, Unternehmen und Privaten belief sich damit auf ca. 1 Billion Euro.

Auf der anderen Seite steht das Geldvermögen. 1980 betrug das Geldvermögen in Deutschland 710 Milliarden Euro, wobei Bargeld und Sichteinlagen

---

[6] Alle Zahlen in diesem Kapitel stammen von der Deutschen Bundesbank und dem Statistischen Bundesamt.

60% des Geldvermögens ausmachten, Wertpapiere 18%, Ansprüche gegen Versicherungen 15% und sonstige Forderungen 7%.

Für unsere Betrachtungen sind dabei lediglich die 60% Bargeld und Sichteinlagen auf Giro- und Festgeldkonten relevant, da alles andere kein Geld ist, sondern lediglich Papiere, denen ein Geldwert zugeschrieben wird.

Folglich betrug das Geldvermögen im engeren Sinne 426 Milliarden Euro. Wie oben dargestellt, belief sich die Gesamtverschuldung auf 1 Billion Euro und somit auf mehr als das Doppelte des Geldvermögens im engeren Sinne.

Im Jahr 2010 war der Staat bereits mit 1.925 Milliarden Euro verschuldet, die Unternehmen mit 2.500 Milliarden Euro und die Verschuldung der privaten Haushalte belief sich auf 1.600 Milliarden Euro. Die Gesamtverschuldung betrug damit im Jahr 2010 ca. 6 Billionen Euro.

2010 betrug das Geldvermögen in Deutschland 4,7 Billionen Euro, wobei davon 41% Bargeld und Sichteinlagen waren, 36% Ansprüche gegen Versicherungen, 22% Wertpapiere und 1% sonstige Forderungen.

Das Geldvermögen im engeren Sinne (Bargeld und Sichteinlagen) belief sich somit auf 1,9 Billionen Euro. Die Gesamtverschuldung in Höhe von 6

Billionen Euro betrug damit mehr als das Dreifache des Geldvermögens im engeren Sinne.

Ergebnis:

Wie vermutet, sind die Schulden stets größer als die Vermögen. Wie man am Vergleich der Zahlen von 1980 und 2010 sehen kann, steigt auch die Verschuldungsquote im Verhältnis zum Vermögen weiter an.

Während 1980 die Verschuldungsquote im Verhältnis zum Geldvermögen noch beim Faktor 2,35 lag, so stieg diese bis 2010 auf 3,16.

Dies ist nicht verwunderlich, sondern Ausdruck der Tatsache, dass aufgrund des Schneeballeffektes im Geldsystem immer mehr Zinsen aufgebracht werden müssen.

Zusammenfassung:

1.) Schulden sind die Kehrseiten der Vermögen. Je größer die Vermögen der einen, desto höher die Schulden der anderen.

2.) Die Summe aller Schulden ist größer als die Summe aller Geldvermögen, weil die Schulden immer aus Kreditbetrag PLUS Zinsen bestehen.

Kapitel 4

Wirtschafts- und Geldmengenwachstum

Unterhält man sich mit Wirtschaftswissen-schaftlern über das Geldsystem, so kommt häufig der folgende Einwand:

"Zinsen sind solange kein Problem, solange das als Kredit erschaffene Geld investiert wird und diese Investitionen zu Wirtschaftswachstum führen. Dann können die Zinsen nämlich über das Wirtschaftswachstum aufgebracht werden."

Die Bundesbank ist der gleichen Auffassung und formuliert wie folgt:

„Fördern beispielsweise die Kredite das realwirtschaftliche Wachstum, dann können aus dem daraus entstehenden Einkommen Kredit und Zinsen zurückgezahlt werden."[7]

Klingt hübsch, ist aber leider falsch.

Wirtschaftswachstum und Geldmengenwachstum haben NICHTS miteinander zu tun. GAR NICHTS.

Die Wirtschaft kann wachsen wie sie will - wenn die Geldmenge nicht wächst, können die Zinsen nicht bezahlt werden. PUNKT.

Ich muss an die Bank GELD zahlen und nicht Waren oder Dienstleistungen. Und da ich der Bank

---

[7] https://www.bundesbank.de/de/service/schule-und-bildung/schuelerbuch-geld-und-geldpolitik-digital/vertiefung--haeufig-gestellte-fragen-zum-thema-geldschoepfung

Kreditbetrag PLUS Zinsen zurückzahlen muss, brauche ich mehr Geld, als ich von der Bank erhalten habe. Da alle Kreditnehmer vor diesem Problem stehen, muss die Geldmenge wachsen, damit das System funktioniert.

Kehren wir zur Verdeutlichung noch einmal zu Beispiel 3 aus Kapitel 1 zurück:

Es gibt eine Insel mit einer Bank und drei Kreditnehmern. Jeder der drei nimmt bei der Bank einen Kredit von 100.000 Euro zu 5 Prozent Zinsen auf und soll am Jahresende folglich 105.000 Euro zurückzahlen.

Mal sehen, ob Wirtschaftswachstum den dreien dabei helfen kann.

Nehmen wir einmal an, Kreditnehmer A ist Bauer und er kauft sich von den 100.000 Euro 100 Kühe. Die 100 Kühe bekommen in dem Jahr alle ein Kalb. Bauer A konnte also ein Wirtschaftswachstum von 100% (aus 100 mach 200) an den Tag legen.

Kreditnehmer B ist Schmied und kauft sich für seine 100.000 Euro Eisen ein. Daraus macht er Hufeisen im Wert von 250.000 Euro. B generiert sogar 150% Wirtschaftswachstum.

Kreditnehmer C ist Bauunternehmer und kauft für 100.000 Euro Baumaterial ein. Daraus baut er ein Haus im Wert von 300.000 Euro. C kann also 200% Wachstum an den Tag legen.

Und jetzt die spannende Frage: Hilft das Wirtschaftswachstum den dreien bei der Rückzahlung ihrer Kredite? Man könnte annehmen, dass jeder doch locker 105.000 Euro einnehmen könnte, weil ja die Werte geschaffen wurden?

Leider falsch.

Das Problem ist die Geldmenge im Insel-Geld-System. Wir erinnern uns: die Bank hat lediglich 300.000 Euro erschaffen.

Und das ganze schöne Wirtschaftswachstum unserer drei Kreditnehmer hat KEINEN EINZIGEN EURO mehr erzeugt.

Am Ende des Jahres sind immer noch 300.000 Euro im System und nicht 200.000 (Wert der Kühe) plus 250.000 (Wert der Hufeisen) plus 300.000 (Wert des Hauses) = 750.000!

Folglich ändert sich auch an der Situation der drei gegenüber der Bank nichts: In Summe sollen alle 3 ja 3x105.000=315.000 Euro an die Bank zahlen.

Das geht aber nicht, da die Bank nur 300.000 Euro geschaffen hat.

Wie man in diesem einfachen Beispiel sehen kann, hat Wirtschaftswachstum keinerlei Auswirkung auf das Geldsystem und die zu zahlenden Zinsen. Alle drei können nur dann ihre Verbindlichkeiten gegenüber der Bank bedienen, wenn die Geldmenge steigt.

Und wie steigt die Geldmenge? Indem die Bank mehr Geld ins System gibt.

Wie macht sie das?

ÜBER KREDITE - WIE IMMER!!!

Kapitel 5

Geldmenge und Inflation

Wenn Wirtschaftswachstum keine Auswirkungen auf die Geldmenge hat, wofür ist es dann gut?

Und wozu brauchen wir eigentlich ein immerwährendes Wirtschaftswachstum?

Wirtschaftswachstum ist das Mantra der Politik.

"Wachstum ist gesund" - durfte ich einmal auf einem Wahlplakat lesen. Aber wieso? Frau Kramp-Karrenbauer und ihre CDU, die FDP sowieso aber auch die Oppositionsparteien - alle wollen Wachstum, Wachstum, Wachstum.

Was ist so toll am Wirtschaftswachstum, dass es alle glücklich zu machen scheint?

Zunächst: Was versteht man überhaupt unter Wirtschaftswachstum?

Wirtschaftswachstum nennt man die Zunahme des Bruttoinlandsprodukts (BIP), welches die Summe aller Waren und Dienstleistungen einer Volkswirtschaft darstellt.

Wir brauchen also jedes Jahr mehr Waren, mehr Dienstleistungen.

Wozu?

Auch hier liegt die Antwort im Geldsystem.

Wie oben bereits ausgeführt, ist die Geldmenge im Euroraum von 1980 bis 2008 um durchschnittlich 8 Prozent gewachsen. Damit betrug die Geldmenge des Jahres 2008 das 8,5-fache im Vergleich zur Geldmenge des Jahres 1980.

Stellen wir uns jetzt einmal vor, wir hätten von 1980 bis 2008 kein Wirtschaftswachstum gehabt; das Bruttoinlandsprodukt wäre in dieser Zeit nicht gewachsen.

Was wäre passiert?

Die ständig wachsende Geldmenge hätte sich auf eine konstante Menge an Waren und Dienstleistungen verteilt. Und so wie die Geldmenge in 28 Jahren auf das 8,5-fache gestiegen ist, wären auch die Preise aller Waren und Dienstleistungen auf das 8,5-fache gestiegen. Damit hätten wir eine Inflation von genau 8 Prozent pro Jahr gehabt.

Das jedoch wäre selbst dem gemeinen Volk, das vieles ohne Murren erträgt, nicht vermittelbar.

Wächst jedoch parallel zur Geldmenge auch die Menge der Waren und Dienstleistungen, kann man die Inflation in Grenzen halten.

Wächst also beispielsweise die Geldmenge auf das 8-fache und das BIP verdoppelt sich, müssen die Preise nicht auf das Achtfache, sondern "nur" auf das Vierfache steigen.

Also braucht man Wirtschaftswachstum, um trotz ständig steigender Geldmenge die Inflation einigermaßen im Griff zu halten.

Soweit die Theorie - wie aber verhielten sich Geldmenge, Wirtschaftswachstum und Inflation in Deutschland tatsächlich? Lässt sich der direkte Zusammenhang zwischen Geldmengenwachstum, Wirtschaftswachstum und Inflation auch in der Praxis nachweisen?

Die Geldmenge stieg von 1980 bis 2012 auf das 8,5-fache.

Das Wirtschaftswachstum betrug in Deutschland in den Jahren 1980 bis 2012 durchschnittlich 1,9 Prozent pro Jahr. Damit wuchs das BIP von 1980 bis 2012 auf 175 Prozent, also auf das 1,75-fache.

Wendet man jetzt die Formel Geldmengen-wachstum geteilt durch Wirtschaftswachstum ist gleich Inflation an, so muss man rechnen: 8,5-fache Geldmenge/1,75-fache Warenmenge = 4,85-fache Preise.

Rein rechnerisch hätten somit die Preise des Jahres 2012 in etwa das 5-fache des Jahres 1980 betragen müssen. Das entspräche einer Inflationsrate von glatt 5 Prozent pro Jahr.

Kann das sein? Eine Inflationsrate von 5 Prozent pro Jahr?

Die offizielle Inflationsrate in Deutschland lag im Zeitraum von 1980 bis 2012 bei durchschnittlich 2,3 Prozent. Klingt moderat. Dennoch hat selbst diese 2,3-prozentige Steigerung zur Folge, dass die Preise im Jahre 2012 auf einem Niveau von 200 Prozent gegenüber 1980 gelegen haben.

Oder besser gesagt: gelegen haben SOLLEN.

Die Berechnungsmethode der offiziellen Inflationsrate ist nämlich mehr als fragwürdig.

Als Grundlage dient ein sog. Warenkorb, der von Nahrungsmitteln über Wohnung bis Urlaub alles enthalten soll, was Otto Normalverbraucher so benötigt.

Allerdings bleibt der Warenkorb nicht gleich, sondern bietet einige "Gestaltungsmöglichkeiten".

Wird Hähnchenfleisch bspw. um 20 Prozent teurer, so ersetzt man es einfach durch Putenfleisch, welches im Referenzjahr vielleicht nur 2 Prozent teurer geworden ist.

Wird ein paar Jahre später dann Putenfleisch teurer, spielt man das Spiel einfach andersrum und kehrt zum Hähnchenfleisch zurück, ohne allerdings die Teuerungsrate der Vorjahre zu berücksichtigen.

Im Folgenden ist eine alternative Inflationsrate abgebildet, die aus Preisen abgeleitet ist, deren

Entwicklung gut dokumentiert ist: Bier, Benzin, Bauland und Aktien.

a) Bier

Im Jahr 1980 kostete die Maß Festbier auf dem Münchner Oktoberfest 4,85 DM, das entspricht 2,48 Euro. 2012 kostete die Maß 9,30 Euro. Das entspricht einer jährlichen Teuerungsrate von 4,2 Prozent.

b) Benzin

Ein Liter Superbenzin kostete 1980 umgerechnet 0,61 Euro. 2012 musste man für 1 Liter Super bereits bis zu 1,67 Euro berappen. Die Teuerungsrate für Superbenzin betrug damit 3,2 Prozent pro Jahr.

c) Bauland

Ein Quadratmeter baureifes Land kostete 1980 in Bayern rund 40 Euro. Im Jahr 2010 belief sich der Quadratmeterpreis auf 223 Euro. Die Teuerungsrate beträgt damit 5,9 Prozent pro Jahr.

d) Aktien

Der DAX stieg im Betrachtungszeitraum von 500 Punkten im Jahr 1980 auf 7.665 Punkte am 31.12.2012. Die Aktienpreise kletterten damit um satte 8,9 Prozent pro Jahr und damit auf das 15-Fache des Ausgangswertes.

Wenn man für eine alternative Inflationsrate den Mittelwert der Teuerungsraten von Festbier (4,2%), Superbenzin (3,2%), Bauland (5,9%) und Aktien (8,9%) zugrunde legt, landet man bei 5,5 Prozent und damit ziemlich genau bei dem Wert, der sich bei Anwendung der Formel Geldmengenwachstum geteilt durch Wirtschaftswachstum ergibt.

Schlussfolgerungen:

1.) Es gibt einen direkten Zusammenhang zwischen Geldmenge, Wirtschaftswachstum und Inflation.

2.) Bei Anwendung der Formel „Geldmengenwachstum geteilt durch Wirtschaftswachstum ist gleich Inflation" errechnet sich für Deutschland eine Inflationsrate von 5 Prozent pro Jahr.

3.) Man braucht Wirtschaftswachstum, um trotz permanent steigender Geldmenge die Inflation in Grenzen zu halten.

Kapitel 6

Gewinner und Verlierer

Stellen Sie sich vor, Sie verfügen über ein Vermögen von 100 Millionen Euro. Natürlich nicht in bar. Nein - das schöne Geld ist angelegt. Leute mit solchen Vermögen legen ihr Geld im Durchschnitt zu 33% in Aktien und Beteiligungen an, 25% in Bonds (verzinsliche Wertpapiere), den Rest in Immobilien, Rohstoffe, Edelmetalle.

Denn es soll ja Rendite bringen.

Wenn man mal ganz konservativ von einer Rendite von 5% pro Jahr ausgeht, dann "erwirtschaftet" ihr Geldvermögen pro Jahr 5 Millionen Euro. Ohne dass Sie jeden Tag acht Stunden irgendwo hinrennen müssen. Ein hübsches bedingungsloses Grundeinkommen.

"Lassen Sie ihr Geld für sich arbeiten!" heißt es so schön in der Werbung für alle möglichen Anlageprodukte. An sich eine schöne Idee - das Problem ist nur:

Geld arbeitet nicht.

Es wird nicht aus sich heraus mehr wie Getreide oder Kartoffeln. Nein - auch für die Zinsen, die dem Anleger gutgeschrieben werden, muss sich irgendjemand verschulden, denn sonst wäre auch dieses Geld nicht im System vorhanden.

Wer könnte das also sein? Wer kann sich überhaupt verschulden und wer zahlt am Ende die Zeche?

Wenn man die möglichen Schuldner einmal in Gruppen einteilt, so gibt es genau drei Gruppen, die sich verschulden können: Privatpersonen, Unternehmen und der Staat.

Betrachten wir die Konstellationen genauer:

a) Privatpersonen verschulden sich.

Macht Otto Normalverbraucher gern beim Hausbau oder beim Autokauf. Wer muss sich die Zinsen organisieren, um sie der Bank zu zahlen? Otto Normalverbraucher. Wie macht er das? Er geht vierzig Stunden die Woche arbeiten.

b) Unternehmen verschulden sich.

Das machen Unternehmen regelmäßig - in Wachstumsphasen gern um Produktions-kapazitäten zu erweitern und in schlechten Zeiten, um über die Runden zu kommen bis wieder bessere Zeiten kommen. Wie organisiert sich das Unternehmen die Zinsen, welche die Bank für den Kredit haben will?

Es preist die Zinsen genau wie alle anderen Kosten des Unternehmens in die Produkte ein.

Wer kauft die Produkte? Otto Normalverbraucher!

Wer zahlt also die Zinsen der Unternehmen?

Letztlich Otto Normalverbraucher.

c) Der dritte denkbare Schuldner ist der Staat (in Deutschland also Bund, Länder und Kommunen).

Deutschland als Staat ist mit ca. 2 Billionen Euro verschuldet. Wie organisiert sich der Staat die Zinsen? Er hat nur zwei Einnahmemöglichkeiten: Steuern und Abgaben.

Wer zahlt Steuern und Abgaben?

Otto Normalverbraucher und Unternehmen.

Woher bekommt Otto Normalverbraucher das Geld für Steuern und Abgaben? Er geht arbeiten.

Was macht ein Unternehmen mit den Steuern und den Abgaben? Es preist sie in die Produkte ein, die Otto Normalverbraucher kauft.

Wer zahlt also die Steuern und die Abgaben der Unternehmen?

Otto Normalverbraucher!

Zusammenfassung:

In einem zinsbasierten Schuldgeldsystem gibt es Zinsgewinner und Zinsverlierer.

Zinsgewinner sind diejenigen, die über Anlagen in gewisser Größenordnung verfügen und mehr Zinsen einnehmen als sie über Steuern und Verbraucherpreise zahlen.

Zinsgewinner ist nur ein sehr kleiner Teil der Bevölkerung, in Deutschland etwa 1 Prozent.

99 Prozent sind jedoch Zinsverlierer, die neben ihren eigenen Zinsen auch noch die Zinsen der Unternehmen und des Staates aufbringen müssen.

Paradoxerweise sind auch diejenigen Zinsverlierer, die als Privatperson nicht verschuldet sind.

Da sie aber nicht umhinkommen, die Zinsen für die Unternehmen über die Preise der Waren und die des Staates über Steuern zu bezahlen, stehen auch sie auf der Verliererseite des Systems.

Teil II

Kapitel 1

Banken und Einlagen

Wenn man den Prozess der Giralgeldschöpfung durch Geschäftsbanken verinnerlicht hat und weiß, dass die Banken nicht das Geld der Sparer an die Kreditnehmer weiterreichen, sondern das Geld für die Kreditvergabe selbst erzeugen können, stellt sich folgende Frage:

Wozu brauchen Banken eigentlich Kundeneinlagen und zahlen für diese Einlagen – wenn auch zur Zeit sehr bescheidene – Zinsen?

Sie brauchen diese Einlagen doch gar nicht, um sie als Kredit weiterzureichen.

Zunächst noch einmal die wichtigsten Erkenntnisse aus den vorherigen Kapiteln, die wir für eine Annäherung an diese Frage benötigen:

1.) Bei einer Kreditvergabe verleihen Banken kein vorhandenes Geld, sondern schaffen bei jeder Kreditvergabe das Geld, das als Kredit vergeben wird.

2.) Die Banken müssen eine Mindestreserve in Höhe von 1 Prozent des geschaffenen Kreditbetrages bei der Zentralbank hinterlegen.

3.) Es gibt zwei voneinander getrennte Geldkreisläufe:

a) den Publikumsgeldkreislauf zwischen den Geschäftsbanken und den Nichtbanken (Privatpersonen, Unternehmen, Staat) – hier läuft das von den Geschäftsbanken erzeugte Giralgeld um.

b) den Interbankengeldkreislauf zwischen der Zentralbank und den Banken – hier zirkuliert das von der Zentralbank geschaffene Zentralbankgeld.

4.) Will eine Geschäftsbank also 100.000 Euro Kredit an einen Kunden vergeben, so erzeugt sie ebendiese 100.000 Euro und schreibt sie dem Konto des Kunden gut.

5.) Um ihrer Mindestreserveverpflichtung für die geschaffenen 100.000 Euro nachzukommen, muss die Bank 1 Prozent des Betrages, also 1.000 Euro, auf ihrem Konto bei der Zentralbank vorhalten. Dafür braucht sie Zentralbankgeld, welches sie üblicherweise bei der Zentralbank als Kredit aufnimmt.

Soweit die Grundlagen.

Es gibt jedoch Fälle, in denen die Bank mehr als die Mindestreserve an Zentralbankgeld benötigt.

Fall 1 – Barabhebung

Sachverhalt: Der Kunde hebt die 100.000 Euro, die die Bank im Rahmen der Kreditgewährung seinem Konto gutgeschrieben hat, bar ab.

In einem solchen Fall muss sich die Bank das erforderliche Bargeld bei der Zentralbank besorgen, da nur diese Bargeld herstellt. Damit die Zentralbank der Geschäftsbank 100.000 Euro Bargeld zur Verfügung stellt, muss die Geschäftsbank auf ihrem Zentralbankkonto

100.000 Euro (Zentralbank-Euro!) vorhalten. So wird im Einzelfall aus der Mindestreserve von 1% auch mal 100%, welche die Bank hinterlegen muss.

Aus diesem Grunde haben die Banken ein Interesse daran, den Bargeldverkehr möglichst gering zu halten.

Denn: Je mehr Bargeld verwendet wird, desto höhere Reserven brauchen die Geschäftsbanken bei der Zentralbank.

Fall 2 – Überweisung an ein anderes Kreditinstitut

Sachverhalt: Der Kreditnehmer überweist die 100.000 Euro von seinem Konto bei der A-Bank an seine Frau, die ihr Konto bei der B-Bank hat.

Jetzt wird es interessant: Die A-Bank kann jetzt nicht das von ihr selbst erzeugte Giralgeld an die B-Bank überweisen, da die Geschäftsbanken den Zahlungsverkehr untereinander ausschließlich in Zentralbankgeld abwickeln. Also benötigt die A-Bank 100.000 Euro Zentralbankgeld, um die Überweisung des Kreditnehmers an seine Frau ausführen zu können.

Jetzt kann man sich die Frage stellen, warum dem so ist, denn wenn Bauer B der Meinung ist, dass seine 50 Tonnen Getreide bei Silobetreiber Y besser gelagert werden als bei Silobetreiber X, dann wird einfach das Getreide von X zu Y geschafft. Und zwar das Getreide selbst und nicht etwa Zentralsilogetreide.

Aber genau das könnte unser Kreditnehmer auch tun: das Geld selbst (nämlich 100.000 Euro in BAR) bei seiner A-Bank abheben, zur B-Bank schaffen und dort einzahlen. In diesem Falle müsste A-Bank ebenfalls 100.000 Euro Reserven bei der Zentralbank haben, um sich von dieser das benötigte Bargeld zu besorgen (s. Fall 1). Und auf der anderen Seite würden der B-Bank 100.000 Euro an Reserven zufließen, wenn die 100.000 Euro Bargeld bei der B-Bank eingezahlt werden.

Und da die Überweisung von Giralgeld letztlich nur eine verkürzte und vereinfachte Version des Transfers von Bargeld von A nach B ist, ist es folgerichtig, dass die Banken untereinander Überweisungen in Zentralbankgeld vornehmen.

Folglich fließen jeder Bank (Zentralbankgeld-) Reserven zu, wenn ihre Kunden Gelder überwiesen bekommen und es fließen Reserven ab, wenn Kunden Gelder an andere Banken überweisen.

Und genau aus diesem Grunde haben Banken ein Interesse daran, dass Ihnen Kundengelder zufließen und sie dafür Zinsen zahlen: Weil Ihnen damit Reserven zufließen, die sie für die Erfüllung Mindestreserveverpflichtung gegenüber der Zentralbank benötigen.

Und in diesem Kontext wird auch klar, weshalb eine Bank in wirtschaftliche Schwierigkeiten gelangen kann, obwohl sie selbst Geld erzeugen kann.

Die Geschäftsbank kann eben nur Geschäfts-bankengeld, aber kein Zentralbankgeld erzeugen.

Und wenn eine Geschäftsbank zu viele Kredite vergibt, bei denen das Geld von der Bank abfließt, dann kann es passieren, dass ihre Reserven an Zentralbankgeld dafür nicht ausreichen. Sollte einer Bank so etwas passieren, dann kann sie sich das benötigte Zentralbankgeld bei einer anderen Geschäftsbank leihen. Im Normalfall funktioniert das auch. In Krisenzeiten allerdings (wie 2008) trauen sich die Banken nicht, anderen Banken Zentralbankgeldkredite zu geben und ZACK bricht der sogenannte Interbankenmarkt zusammen und die Geschäftsbanken kommen ins Straucheln.

Zusammengefasst:

Banken brauchen Kundeneinlagen, weil Ihnen damit Zentralbankgeld zufließt, welches sie ihrerseits benötigen, wenn ihre Kunden Geld bar abheben oder an andere Banken überweisen.

Kapitel 2

Zentralbank und Geldmenge

Im Januar 2015 gab der oberste Zentralbankier Europas Mario Draghi bekannt, er wolle von März 2015 bis September 2016 Staatsanleihen von bis zu 60 Milliarden Euro pro Monat ankaufen.

Neunzehn Monate a 60 Milliarden macht 1 Billion und 140 Milliarden Euro.

Dieses Ankaufprogramm wurde in der Folge mehrfach erweitert. Im Dezember 2015 um 360 Mrd. Euro, im März 2016 noch einmal um 240 Mrd. Euro und letztlich im Dezember 2016 um weitere 540 Mrd. Euro.[8] Ende 2017 gab die EZB bekannt, von Januar bis September 2018 weitere Anleihen für insgesamt 270 Mrd. Euro kaufen zu wollen. Von Oktober bis Dezember 2018 kaufte die EZB nochmals Anleihen für 45 Mrd. Euro.

Macht summa summarum rund 2,6 Billionen Euro. Oder anders ausgedrückt 2.600 Milliarden Euro. Oder auch 2.600.000 Millionen Euro.

Woher nimmt Draghi das ganze Geld?

Nun - Geld ist sein geringstes Problem. Wie der geneigte Leser mittlerweile weiß, erfindet Draghi das notwendige Geld einfach, indem er den Geschäftsbanken, denen er Staats- oder mittlerweile auch Unternehmensanleihen abkauft, den entsprechenden Betrag auf deren Zentralbankkonten gutschreibt.

---

[8] Deutsche Bundesbank, Monatsbericht Januar 2017, S. 14

Jens Weidmann, immerhin Präsident der Deutschen Bundesbank, formulierte es in einer Rede bereits im Jahre 2012 erfrischend deutlich:

„Notenbanken schaffen Geld, indem sie Geschäftsbanken gegen Sicherheiten Kredite gewähren oder ihnen Aktiva wie zum Beispiel Anleihen abkaufen. Die Finanzkraft einer Notenbank ist dabei prinzipiell unbegrenzt, da sich eine Notenbank das Geld, das sie vergibt oder mit dem sie bezahlt vorher nicht etwa beschaffen muss, sondern es quasi aus dem Nichts erschaffen kann."[9]

Wenn man Weidmanns Äußerungen von der unbegrenzten Finanzkraft der Zentralbank zu Ende denkt, kann Draghi den Geschäftsbanken Milliarden, Billionen oder Quadrillionen gutschreiben – ganz wie es ihm beliebt.

Die Geldmenge, die Draghi schafft, hängt lediglich davon ab, welchen Betrag er oder einer seiner Angestellten über die Tastatur in seinen Zentralbankrechner eingibt.

Aber was will Draghi mit der Schöpfung von mehr als 2,6 Billionen Euro Zentralbankgeld erreichen?

Die ZEIT formulierte es im Januar 2015 wie folgt:

„Mit dem Programm, im Fachjargon quantitative Lockerung oder QE genannt, kauft die Notenbank

---

[9] https://www.bundesbank.de/de/presse/reden/begruessungsrede-710686

Staatsanleihen von Banken und Finanzunternehmen und pumpt damit viel frisches Zentralbankgeld in den Finanzkreislauf. Dieses Geld kommt im Idealfall in Form von Krediten bei Unternehmen und Verbrauchern an und hilft damit der Wirtschaft insgesamt und stützt die Konjunktur."[10]

Richtig an der Aussage der ZEIT ist, dass viel neues Zentralbankgeld in Umlauf kommt. Falsch ist allerdings, dass dieses Geld bei Unternehmen oder Verbrauchern ankommen könnte.

Zentralbankgeld kommt (mit Ausnahme des Bargeldes) NIE bei Unternehmen oder Verbrauchern an.

Wie bereits mehrfach erläutert, gibt es zwei völlig voneinander getrennte Buchgeldkreisläufe, die sich NIEMALS miteinander vermischen:

a) Der Interbankengeldkreislauf zwischen der Zentralbank und den Geschäftsbanken, in dem Zentralbankgeld zirkuliert,

b) Der Publikumsgeldkreislauf zwischen den Geschäftsbanken und den Nichtbanken, in dem das (Giral-) Geld, das die Geschäftsbanken geschaffen haben, zirkuliert.

---

[10] http://www.zeit.de/wirtschaft/2015-01/ezb-kuendigt-massenhaften-kauf-von-staatsanleihen-an

Somit reichen die Geschäftsbanken eben NICHT das Geld der Zentralbank an die Unternehmen weiter, sondern sie benötigen lediglich Zentralbankgeld, um ihrerseits Giralgeld zu erzeugen. Und NUR dieses von den Geschäftsbanken erzeugte Giralgeld kommt als Kredit bei Unternehmen und Verbrauchern an.

Aber was soll dann die Schaffung von Unmengen an Zentralbankgeld bezwecken?

Draghi will, dass die Geschäftsbanken mit Hilfe des Zentralbankgeldes ihrerseits Giralgeld für den Publikumsgeldkreislauf erzeugen und die Geldmenge M3 weiter wächst. Weil Draghi weiß, dass M3 wachsen muss, damit das System nicht kollabiert.

Wie der Leser auch bereits weiß, müssen die Geschäftsbanken bei der Erzeugung von Giralgeld die sogenannte Mindestreservepflicht erfüllen, für die sie zwingend das von Draghi geschaffene Zentralbankgeld benötigen. Die Mindestreserve im Euroraum beträgt derzeit 1 Prozent, so dass die Geschäftsbanken aus 2,6 Billionen Euro Zentralbankgeld theoretisch 260 Billionen Euro Giralgeld erzeugen könnten.

Nur noch einmal zur Erinnerung: Im Dezember 2018 betrug die Geldmenge, welche die Geschäftsbanken geschaffen hatten, 12 Billionen Euro.

Das Ankaufprogramm lief bis Dezember 2018. Werden die Geschäftsbanken aus 2,6 Billionen

Euro Zentralbankgeld wirklich 260 Billionen Euro Geschäftsbankengeld erzeugen und die Geldmenge im Euroraum damit um das Zwanzigfache erhöhen?

Erscheint eher unwahrscheinlich.

Aber wie viel Giralgeld erzeugen Geschäftsbanken aus ca. 2,6 Billionen Euro Zentralbankgeld? Zehn Billionen? Oder zwanzig? Oder hundert?

Wir werden es untersuchen.

Ein Modell, das erklären möchte, wieviel Geschäftsbankengeld aus Zentralbankgeld entsteht, ist der sog. „Geldschöpfungsmultiplikator", den Wikipedia wie folgt erklärt:

„Der Geldschöpfungsmultiplikator ist ein geldtheoretisches Modell, das das Zusammenspiel von Zentralbank, Geschäftsbanken und Nichtbanken (Haushalte und Unternehmen) bei der Entwicklung der Geldmenge erklärt. Das Modell geht dabei von einer Vervielfachung des Geldes durch die Geschäftsbanken auf Basis der von der Zentralbank ausgegebenen Geldbasis (Zentralbankgeld) aus – daher der Begriff Multiplikator."[11]

Das Modell vom Geldschöpfungsmultiplikator will also einen Zusammenhang zwischen der Menge an Zentralbankgeld (Geldmenge M0) und der Menge

---

[11] https://de.wikipedia.org/wiki/Geldschöpfungsmultiplikator

an Geld herstellen, welches die Geschäftsbanken erzeugen (Geldmenge M3).

Es ist also der Frage nachzugehen, ob tatsächlich ein solcher Zusammenhang zwischen der Zentralbankgeldmenge M0 und der Geldmenge M3 besteht oder ob sich M3 weitestgehend unabhängig von M0 entwickelt.

Die EZB hat glücklicherweise zu allem Möglichen Statistiken und so natürlich auch zur Entwicklung der verschiedenen Geldmengen M0[12] und M3.[13]

In der nachfolgenden Tabelle sind die Geldmengen M0 und M3 im Zeitraum von 1999 bis 2018 nach den Angaben der EZB zusammengefasst und in der letzten Spalte ist das Verhältnis der Giralgeldmenge der Geschäftsbanken (=M3) zur Menge an Zentralbankgeld M0 dargestellt.

Es wird mit Ausnahme des Jahres 2018 auf die Geldmengen am Ende des jeweiligen Jahres abgestellt.[14]

---

[12] EZB-Statistik zur Geldmenge M0:
https://sdw.ecb.europa.eu/quickview.do;jsessionid=EF5B1F7FDA9 2BF46B7A2DD703B014E2F?SERIES_KEY=123.ILM.M.U2.C.LT00001 .Z5.EUR

[13] EZB-Statistik zur Geldmenge M3:
http://sdw.ecb.europa.eu/quickview.do?SERIES_KEY=117.BSI.M.U 2.Y.V.M30.X.1.U2.2300.Z01.E

[14] Zum Zeitpunkt der Schlussredaktion dieses Buches hatte die EZB die Geldmenge M3 nur bis einschließlich Okt 2018 veröffentlicht.

Jahr	M0 in Mio €	M3 in Mio €	Verhältnis M3/M0
1999	460.847	4.665.348	10,12
2000	478.001	4.859.228	10,17
2001	426.215	5.402.614	12,68
2002	480.453	5.766.391	12,00
2003	548.711	6.151.728	11,21
2004	614.084	6.539.011	10,65
2005	692.918	7.084.529	10,22
2006	771.805	7.755.253	10,05
2007	841.899	8.654.987	10,28
2008	1.150.668	9.410.158	8,18
2009	1.052.340	9.353.140	8,89
2010	1.073.068	9.293.381	8,66
2011	1.335.315	9.500.597	7,11
2012	1.630.969	9.791.590	6,00
2013	1.194.434	9.835.025	8,23
2014	1.192.512	10.337.392	8,67
2015	1.723.357	10.852.094	6,30
2016	2.366.303	11.394.317	4,82
2017	3.138.794	11.867.752	3,78
Okt 18	3.195.074	12.271.797	3,84

Im Folgenden ist die Entwicklung beider Geldmengen noch einmal grafisch dargestellt.

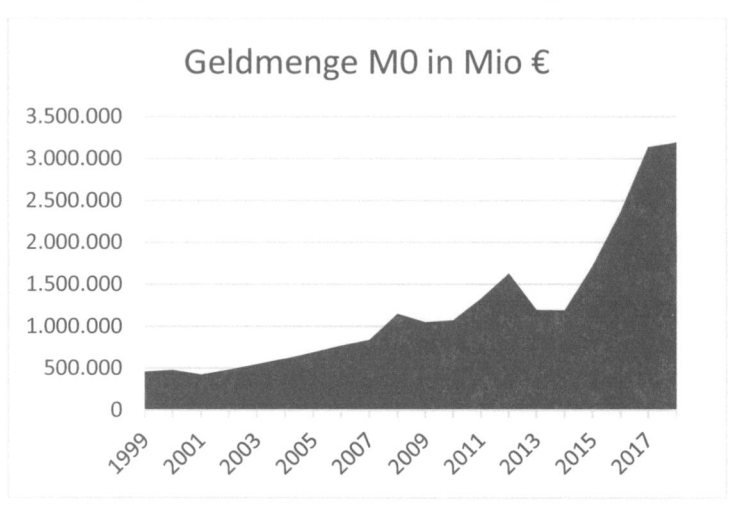

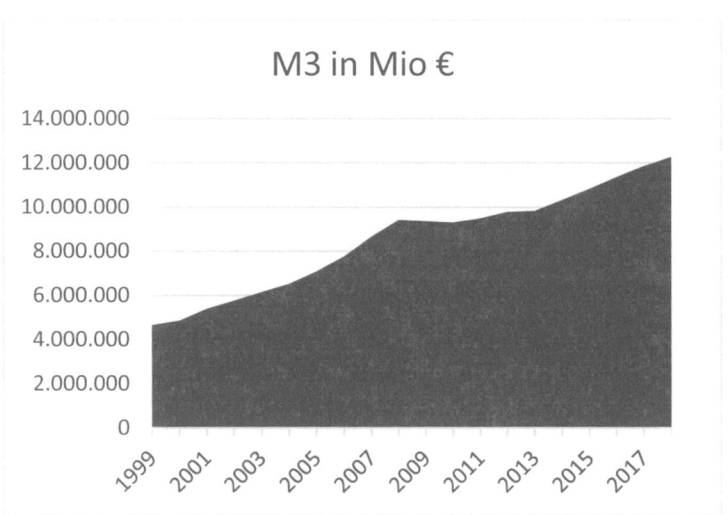

Man kann beim Vergleich der beiden Grafiken gut erkennen, dass sich M0 und M3 bis 2007 annähernd parallel entwickelt haben, jedoch seit 2008 sich beide Verläufe komplett voneinander unterscheiden.

Es lässt sich im Einzelnen Folgendes feststellen:

1999 lag M0 bei 460 Mrd. Euro und M3 bei 4.700 Mrd. Euro. Wenn man jetzt ein Verhältnis von M0 und M3 herstellt, so lag dieses 1999 bei 1:10. Aus 1 Euro Zentralbankgeld entstanden 10 Euro Giralgeld der Geschäftsbanken. Wenn man jetzt von einem Geldschöpfungsmultiplikator reden will, so lag dieser bei 10.

Bis zum Jahr 2007 entwickelten sich M0 und M3 relativ gleichmäßig, so dass 2007 M0 bei 840 Mrd. Euro lag und M3 bei 8.700 Mrd. Euro. Zwischen 1999 und 2007 lag das Verhältnis von M0 und M3 immer zwischen 1:10 und 1:13.

Dann aber kam die Finanzkrise und die Geldmengenentwicklung veränderte sich dramatisch.

Während M0 (also die Zentralbankgeldmenge) von 2007 zu 2008 zunächst stark wuchs, sank sie 2009 ab, um 2011 und 2012 wiederum stark zu wachsen, um danach wieder auffallend abzusinken. Seit Beginn des Wertpapierankaufprogramms der EZB Anfang 2015 ist die Zentralbankgeldmenge M0 explosionsartig gewachsen und hat sich von 2014 bis 2018 beinahe verdreifacht.

Völlig anders verhielt sich M3.

M3 wuchs zwischen 2008 und 2013 nur marginal. Seit 2014 wächst M3 wieder moderat, aber nicht annähernd so schnell wie M0.

Und wenn die Entwicklung von M0 und M3 auseinanderläuft, verändert sich auch das Verhältnis beider Geldmengen nachhaltig. Sank das Verhältnis M0/M3 zunächst von 1:10 im Jahre 2007 auf 1:6 im Jahre 2012, stieg es bis 2014 wieder auf ca. 1:9 an. Seit 2015 ist das Verhältnis M0/M3 dann rapide gefallen und betrug im Oktober 2018 in etwa 1:4.

Jetzt könnte man meinen: Na gut, im bisher schlechtesten Fall im Dezember 2017 entstanden aus 1 Euro Zentralbankgeld 3,78 Euro Giralgeld der Geschäftsbanken – also dürften aus den 2,6 Billionen Euro Zentralbankgeld, die Mario Draghi bis Dezember 2018 erzeugt hat, auch mindestens 9,8 Billionen Euro Giralgeld entstehen und die Geldmenge im Euroraum wächst auf mindestens 20 Billionen Euro.

Das könnte man bei oberflächlicher Betrachtung annehmen – in Wahrheit ist die Sachlage aber ganz anders: Von 2010 bis 2012 wuchs die Zentralbankgeldmenge M0 von 1.052 Mrd. Euro auf 1.631 Mrd. Euro. Die EZB flutete den Markt damals bereits mit Unmengen an Zentralbankgeld und weitete M0 um 579 Mrd. Euro und damit um 52 Prozent aus.

Und was machte in diesem Zeitraum M3? M3 wuchs jedenfalls nicht um 52 Prozent, sondern lediglich um vergleichsweise lächerliche 5 Prozent. Genau genommen von 9.293 Mrd. Euro auf 9.791 Mrd. Euro und damit um 498 Mrd. Euro.

Na hoppla – aus 579 Mrd. Euro Zentralbankgeld entstanden gerade mal 498 Mrd. Euro Giralgeld.

Wenn man daraus wieder einen sog. „Geldschöpfungsmultiplikator" herleiten will, so lag dieser bei 0,86 – aus 1 Euro Zentralbankgeld entstanden gerade mal 86 Cent Giralgeld, das in der Wirtschaft oder bei den Verbrauchern als Kredit ankam.

Ein stabiler Geldschöpfungsmultiplikator sieht irgendwie anders aus. Aber es kommt noch dicker, wenn man sich die Entwicklung in den folgenden Jahren 2012 bis 2014 anschaut.

M0 sank in diesen Jahren von 1.631 Mrd. Euro auf 1.193 Mrd. Euro und verringerte sich damit um 27 Prozent.

Und was machte M3? Verringerte sich diese ebenfalls? Hätte man irgendwie erwartet, wenn es so was wie einen Geldschöpfungsmultiplikator geben sollte. Aber – M3 sank mitnichten – M3 stieg sogar um 5 Prozent.

Ab Januar 2015, in dem das Anleihenankaufprogramm der EZB begann, lohnt sich eine etwas detailliertere Betrachtung der Geldmengenentwicklung:

Monat	M0 in Mio €	M3 in Mio €	Verhältnis M3/M0
Dez 14	1.192.512	10.337.392	8,67
Jan 15	1.292.102	10.405.655	8,05
Apr 15	1.346.375	10.549.985	7,84
Jul 15	1.527.158	10.652.965	6,98
Okt 15	1.670.509	10.785.807	6,46
Jan 16	1.826.466	10.918.080	5,98
Apr 16	1.901.262	11.045.598	5,81
Jul 16	2.067.693	11.190.511	5,41
Okt 16	2.259.372	11.269.719	4,99
Dez 16	2.366.303	11.394.317	4,82
Jan 17	2.472.615	11.432.627	4,62
Mai 17[15]	2.749.424	11.602.057	4,22
Jul 17	2.900.841	11.669.104	4,02
Okt 17	3.044.181	11.805.726	3,88
Dez 17	3.138.794	11.867.752	3,78
Jan 18	3.122.479	11.895.375	3,81
Mai 18	3.122.329	12.048.514	3,86
Jul 18	3.142.098	12.129.005	3,86
Okt 18	3.195.074	12.271.797	3,84

[15] Bis 01/2015 gibt die EZB M0 monatlich an, danach nur noch lückenhaft, so dass in der Darstellung für die Jahre 2017 und 2018 auf den Mai ausgewichen werden musste.

Man sieht zunächst an der Entwicklung von M0, dass die EZB seit Januar 2015 die Märkte wieder mit Zentralbankgeld flutet und innerhalb von zwei Jahren bis Dezember 2016 die Geldmenge M0 um nahezu 100% erhöht hat.

M3 hingegen stieg im gleichen Zeitraum um gerade einmal 10%.

Das Verhältnis von M0 zu M3 verändert sich dramatisch von 8,67 am 31.12.2014 auf 4,82 Ende 2016.

Per Saldo betrachtet erzeugte die EZB in den Jahren 2015 und 2016 Zentralbankgeld in Höhe von 1,17 Billionen Euro. Aus diesen 1,17 Billionen Euro Zentralbankgeld schufen die Geschäftsbanken ihrerseits 1,05 Billionen Euro Giralgeld für die Kreditvergabe an Personen, Unternehmen und Staaten.

Der „Geldschöpfungsmultiplikator" lag damit von Januar 2015 bis Dezember 2016 bei 0,9 – aus 1 Euro Zentralbankgeld entstand nicht einmal 1 Euro Giralgeld der Geschäftsbanken, sondern lediglich 90 Cent.

Was sagt uns das alles?

Im Ergebnis ist festzustellen, dass es keinen fixen Zusammenhang zwischen der Menge an Zentralbankgeld und der Geldmenge, welche die Geschäftsbanken erzeugen, gibt.

Damit gibt es auch keinen Geldschöpfungs-multiplikator.

Eine Kontrolle der Geldmenge M3 durch die Veränderung der Zentralbankgeldmenge M0 ist nicht möglich.

Damit belegt die Analyse der vorhandenen Daten, dass die EZB keinerlei Einfluss auf die Geldmenge hat, welche die Geschäftsbanken erzeugen.

Kapitel 3

Geld und Gesetz

Im ersten Teil des Buches habe ich dargestellt, dass entgegen der landläufigen Meinung Banken nicht das Geld der Sparer als Kredit an die Kreditnehmer weiterreichen, sondern das für die Kreditvergabe notwendige Geld selbst schaffen. Sie erfinden es aus dem Nichts.

Diese faktisch unlimitierte - und wie im vorigen Kapitel gezeigt, auch von der Zentralbank nicht steuerbare - Geldschöpfung der Geschäftsbanken ist für die Geschäftsbanken hochprofitabel, allerdings auch hochriskant und eine der Hauptursachen unserer seit 2008 andauernden Finanzkrise.

Umso wichtiger erscheint die Frage nach der rechtlichen Grundlage der Giralgeldschöpfung.

Es stellt sich die Frage:

Gibt es eine Norm im deutschen Recht, die es den Geschäftsbanken erlaubt, bei der Vergabe von Krediten neues Geld zu schaffen?

Antwort:

NEIN.

Auch hier haben Sie wieder richtig gelesen: Die Antwort lautet NEIN – es gibt kein Gesetz, das es den Geschäftsbanken erlauben würde, Geld aus dem Nichts zu erzeugen.

Auch nach den eigenen Ausführungen der Bundesbank gibt es keine gesetzliche Grundlage der Giralgeldschöpfung im deutschen Recht, vielmehr werde die *"Möglichkeit zur Buchgeldschöpfung durch Banken ... vom deutschen Recht vorausgesetzt."*[16]

Donnerwetter - wenn man sich mal überlegt, was sonst alles so geregelt ist, dann mutet es einigermaßen erstaunlich an, dass die den Privatbanken eingeräumte Möglichkeit, Milliarden und Abermilliarden an Buchgeld zu schöpfen, keinerlei Niederschlag im deutschen Recht gefunden hat.

Wir halten fest:

Es gibt kein Gesetz, dass den Banken die Geldschöpfung erlauben würde.

Wenn man sich dem Thema von der anderen Seite her nähern will, muss man die Frage stellen, ob es gesetzliche Vorschriften gibt, welche die Giralgeldschöpfung verbieten oder beschränken oder ob der Gesetzgeber wenigstens mal zu erkennen gegeben hat, dass er das Problem einer unbegrenzten Geldschöpfung erkannt hat und sanktionieren wollte.

---

[16] https://www.bundesbank.de/de/service/schule-und-bildung/schuelerbuch-geld-und-geldpolitik-digital/vertiefung--haeufig-gestellte-fragen-zum-thema-geldschoepfung

Zweite Frage: Gibt es Gesetze, welche die Giralgeldschöpfung verbieten oder beschränken?

Bei der Suche nach einer Verbotsnorm fällt einem zuallererst § 3 Absatz 1 Nr. 3 Kreditwesengesetz (KWG) ins Auge.

"*§ 3 Verbotene Geschäfte*

(1) Verboten sind

1. ...

2. ...

3. der Betrieb des Kreditgeschäftes oder des Einlagengeschäftes, wenn es durch Vereinbarung oder geschäftliche Gepflogenheit ausgeschlossen oder erheblich erschwert ist, über den Kreditbetrag oder die Einlagen durch Barabhebung zu verfügen."

§ 3 Nr. 3 KWG verbietet demnach

a) eine Vereinbarung, die eine Barabhebung des Kreditbetrages ausschließt,
b) eine Vereinbarung, durch die eine Barabhebung des Kreditbetrages erheblich erschwert wird,
c) eine geschäftliche Gepflogenheit, die eine Barabhebung des Kreditbetrages ausschließt und
d) eine geschäftliche Gepflogenheit, die eine Barabhebung des Kreditbetrages erheblich erschwert.

Von den vier genannten Alternativen kommt im Falle der Giralgeldschöpfung insbesondere d) in Betracht.

Die Frage ist also:

Wird die Barabhebung des Kreditbetrages durch die Praxis der Giralgeldschöpfung erheblich erschwert?

Wenn man es bei Lichte betrachtet, muss man sagen: Kommt ganz drauf an.

Wenn man alle Kredite betrachtet, dann ist die Bank definitiv nicht in der Lage, jeden Kredit in bar auszuzahlen, weil es das Bargeld gar nicht gibt. Das Verhältnis von Bargeld zu Kreditvolumen liegt in Deutschland aktuell bei 1:17. Für jeden Euro Bargeld existieren also 17 Euro Buchgeld. Man kann also nicht einmal zehn Prozent des Geldes, das auf Girokonten als Sichteinlage verbucht ist, in bar abheben.

Allerdings kann die Betrachtungsweise des gesamten Kreditvolumens vom Gesetz nicht gemeint sein, da zum Zeitpunkt der Gesetzgebung des KWG im Jahre 1961 die Buchgeldschöpfung bereits existierte und das Problem, dass die Summe aller Kredite in bar nicht vorhanden ist, ebenfalls schon bestand. Das Verhältnis von Bargeld zum Kreditvolumen lag damals bei 1:7.

Das wusste auch der Gesetzgeber; schließlich kann man in der Gesetzesbegründung lesen:

„Die bankgeschäftliche Betätigung hat unmittelbare Auswirkungen auf die Währung, weil durch die Gewährung von Krediten Buchgeld geschaffen und dementsprechend das Geldvolumen erhöht werden kann."

aus: Begründung zum Entwurf KWG 1961, BT-Drucks. III/1114, S.19[17]

Insofern – und das legt der Wortlaut ("... über DEN Kreditbetrag ... zu verfügen.") auch nahe – muss man wohl auf den einzelnen Kredit abstellen. Bei einer Einzelfallbetrachtung dürfte es für die Bank zunächst darauf ankommen, wie hoch der Kredit ist. Vierstellige Summen wird jede Bank locker auszahlen können, bei Millionenbeträgen kann das eher ein Problem werden.

Allerdings kann sich die Bank jederzeit das notwendige Bargeld von der Zentralbank besorgen, insofern nicht alle Banken auf einmal Unmengen an Bargeld benötigen (="Bankrun").

Insofern dürfte der Tatbestand des § 3 Abs. 1 Nr. 3 KWG vom Wortlaut her nicht einschlägig sein.

---

[17] http://dipbt.bundestag.de/doc/btd/03/011/0301114.pdf

Dennoch ist zu hinterfragen: Haben wir heutzutage eventuell genau das Problem, welches der Gesetzgeber 1961 eigentlich sanktionieren wollte?

Der Gesetzgeber wollte die uferlose Geldschöpfung unterbinden, weil er darin eine große Gefahr für die Volkswirtschaft sah. Der Gesetzgeber ging dabei davon aus, dass die "Gefahr" für die Bank, dass einige Kreditnehmer den Kreditbetrag in bar abheben, die Bank veranlasst, einen bestimmten Satz an Bargeld im Verhältnis zum Kreditvolumen vorzuhalten. Zusammen mit dem Mindestreservesatz sah der Gesetzgeber diese Regelung 1961 offensichtlich als ausreichend an, um die Geldschöpfung für die Banken derart zu erschweren, dass sie im Rahmen bleibt und die Volkswirtschaft nicht gefährdet.

So auch die Begründung zu § 3 Abs. 1 Nr. 3 KWG in der Bundestagsdrucksache:

Die *"besonderen volkswirtschaftlichen Gefahren liegen in der hohen Kreditkapazität, die sich aus dem Ausschluß oder der Erschwerung der Barabhebung ergibt. Im Gegensatz zu den normalen Kreditinstituten brauchen diese Unternehmen nämlich für ihre Verpflichtungen keine liquiden Mittel bereit zu halten und können, da sie einen besonders hohen Expansions-koeffizienten haben, in weit höherem Maße als die anderen Kreditinstitute zur Ausdehnung des Geldvolumens und damit zu einer Störung der finanziellen Stabilität der Volkswirtschaft beitragen. Währungspolitische Gefahren können zwar auch von der Kreditexpansion bei anderen Kreditinstituten ausgehen. Diesen Gefahren kann die Notenbank jedoch mit ihren kreditpolitischen Mitteln weitgehend begegnen. Die in Nummer 3 genannten Unternehmen, bei denen kein nennenswerter Refinanzierungsbedarf entsteht, sind dagegen kaum auf die Notenbank angewiesen, so daß deren kreditpolitische Maßnahmen, mit Ausnahme der Mindestreservevorschriften, ihnen gegenüber nicht hinreichend wirksam werden. Die Mindestreservevorschriften bieten keine Gewähr dafür, daß diese besonderen währungspolitischen Gefahren neutralisiert werden können. Denn die Reservesätze sind auf Kreditinstitute mit dem üblichen Geschäft zugeschnitten und reichen nicht aus, um einer durch Liquiditätserfordernisse nicht in Grenzen gehaltenen Kreditexpansion in gleichem Maße entgegenwirken zu können, wie dies bei normalen Kreditinstituten möglich ist. Aus diesen allgemeinwirtschaftlichen Gründen muß deshalb auch weiterhin das Entstehen derartiger Einrichtungen verhindert werden.*"[18]

Interessant ist, dass der Gesetzgeber in der Ausdehnung des Geldvolumens eine Gefahr für die finanzielle Stabilität der Volkswirtschaft erkannte und das Entstehen eines "nennenswerten Refinanzierungsbedarfs" als ausreichende Schranke für die Giralgeldschöpfung ansah.

---

[18] ebenda, S.29

Es ist somit an dieser Stelle die Frage zu klären, welchen Refinanzierungsbedarf eine Bank im Jahre 1961 für einen Kredit hatte.

Die relevanten Eckdaten für 1961 waren folgende:

Der Mindestreservesatz betrug im Jahresdurchschnitt ca. 16% und der Leitzins, der damals noch Diskontsatz hieß, lag bei durchschnittlich 3,25%.

Wenn wir für ein Beispiel annehmen, dass eine Bank 1.000.000 Euro an Kredit vergeben will, rechnet sich das 1961 für die Bank wie folgt:

Unsere Bank muss 16% Mindestreserve von 1.000.000 Euro bei der Zentralbank hinterlegen: 160.000 Euro. Üblicherweise nimmt die Bank dafür einen Kredit bei der Zentralbank auf, für den sie den Leitzins zahlen muss. Bei 3,25% Leitzins entstehen unserer Bank für das Vorhalten von 160.000 Euro Mindestreserve Kosten in Höhe von 5.200 Euro pro Jahr.

Anfang 2019 sind die Eckdaten die folgenden:

Der Mindestreservesatz beträgt 1% und der Leitzins liegt bei 0,00%.

Das Vorhalten der Mindestreserve rechnet sich für unsere Bank danach wie folgt: Sie muss 1% Mindestreserve bei der Zentralbank hinterlegen; das sind bei 1.000.000 Euro Kreditvolumen exakt

10.000 Euro. Diese 10.000 Euro leiht sie sich wieder bei der Zentralbank und zahlt dafür 0,00% Zinsen. Das sind 0 Euro pro Jahr. Im Jahre 2019 kostet das Vorhalten der Mindestreserve für einen Kredit in Höhe von 1.000.000 Euro die Bank damit genau 0 Euro pro Jahr.

Vergleicht man die Kosten der Jahre 1961 und 2018 für das Vorhalten der Mindestreserve, so stellt man fest, dass sich diese in Luft aufgelöst haben - die Bank hat im Jahre 2019 überhaupt keine Kosten für das Vorhalten der Mindestreserve mehr.

Vergleicht man jetzt noch das Verhältnis von Bargeld zum Kreditvolumen in Deutschland, dann stellt sich dies wie folgt dar:

1961 existierten in Deutschland 24,5 Milliarden DM Bargeld und das Gesamtkreditvolumen betrug 167 Mrd. DM. Das Verhältnis Bargeld zu Kreditvolumen lag 1961 somit bei 1:7.

Im Oktober 2018 gab es in Deutschland 256 Milliarden Euro Bargeld bei einem Gesamtkreditvolumen von 4.300 Milliarden Euro. Damit betrug das Verhältnis von Bargeld zum Kreditvolumen 1:17.

Die Entwicklung des Verhältnisses von Bargeld zum Kreditvolumen zeigt, dass sich die Notwendigkeit für die Bank, einen bestimmten Satz von Bargeld vorzuhalten, um den Faktor 2,4 verringert hat.

Für eine Gesamtbetrachtung muss man jetzt beide Faktoren im Zusammenhang sehen und in einen Kontext setzen:

a) über Mindestreserve und Leitzins existiert im Vergleich zu 1961 überhaupt keine Beschränkung mehr in Bezug auf die Giralgeldschöpfung,

b) über den im Verhältnis zum Gesamtkreditvolumen verringerten Bargeldbestand fällt es der Bank 2,4-mal leichter, Giralgeld zu schöpfen.

Im Ergebnis ist also festzustellen, dass es den Banken heutzutage ungleich leichter fällt, Giralgeld zu schaffen als 1961.

Auch für eine "normale Bank" im Sinne des KWG fallen derzeit keinerlei Refinanzierungskosten an, die eine Kreditvergabe und damit die Ausweitung der Geldmenge erschweren könnten. Die geringere Bargeldquote begünstigt ebenfalls die Geldmengenausweitung.

Rein faktisch haben wir damit heute genau den Zustand, den der Gesetzgeber 1961 mit § 3 Abs. 1 Nr. 3 KWG verhindern wollte:

die unsanktionierte uferlose Giralgeldschöpfung aus dem Nichts.

Kapitel 4

Kredit und Giralgeld

Stellen Sie sich wieder einmal vor, Sie wollen ein Haus bauen und haben noch eine kleine Finanzierungslücke im familiären Haushalt – sagen wir mal 100.000 Euro.

Was machen Sie?

Klar – Sie gehen zur Bank Ihres Vertrauens und lassen sich einen Kredit über ebendiese 100.000 Euro gewähren.

Wir gehen auch jetzt spaßeshalber davon aus, dass die Bank beim Prüfen Ihrer Sicherheiten ganz tiefenentspannt ist und Ihnen den gewünschten Kredit gewährt. Sie unterschreiben den Kreditvertrag und die Bank schreibt Ihnen 100.000 Euro auf Ihrem Konto gut.

Die Bank erfindet das Geld aus dem Nichts im Wege der Giralgeldschöpfung – das wissen Sie ja.

Aus juristischer Sicht stellt sich die Frage: Erfüllt die Bank mit der Gutschrift auf dem Konto ihre Verpflichtung aus dem Darlehensvertrag?

Oder anders gefragt: Schuldet die Bank Buchungszeilen auf dem Konto oder richtiges Geld (=Bargeld)?

Die Juristen pflegen zu sagen: Ein Blick ins Gesetz erleichtert die Rechtsfindung – also folgen wir dieser Empfehlung.

Der Darlehensvertrag ist in § 488 BGB geregelt:

„§ 488 - Vertragstypische Pflichten beim Darlehensvertrag

(1) Durch den Darlehensvertrag wird der Darlehensgeber verpflichtet, dem Darlehensnehmer einen Geldbetrag in der vereinbarten Höhe zur Verfügung zu stellen...."

Nach § 488 BGB ist der Darlehensgeber (= die Bank) also verpflichtet, dem Darlehensnehmer einen GELDBETRAG zur Verfügung stellen.

Die entscheidende Frage ist also:

Ist Buchgeld, welches die Bank dem Darlehensnehmer zur Verfügung stellt, ein „Geldbetrag" im Sinne des § 488 BGB?

Das einzige unbeschränkte gesetzliche Zahlungsmittel in Deutschland sind auf Euro lautende Banknoten – sagt zumindest § 14 Bundesbankgesetz.

„§ 14 Notenausgabe

(1) Die Deutsche Bundesbank hat ... das ausschließliche Recht, Banknoten im Geltungsbereich dieses Gesetzes auszugeben. <u>*Auf Euro lautende Banknoten sind das einzige unbeschränkte gesetzliche Zahlungsmittel.*</u> *Die Deutsche Bundesbank hat die Stückelung und die Unterscheidungsmerkmale der von ihr ausgegebenen Noten öffentlich bekanntzumachen.*"

Wenn aber nur auf Euro lautende Banknoten gesetzliches Zahlungsmittel sind, dann gilt im Umkehrschluss: Buchgeld ist KEIN gesetzliches Zahlungsmittel.

Das sieht auch die Bundesbank so:

„Im Unterschied zu Banknoten und Münzen ist das Buchgeld kein gesetzliches Zahlungsmittel."[19]

Kann also der Anspruch auf einen Geldbetrag im Sinne des § 488 BGB erfüllt werden, indem die Bank dem Kreditnehmer etwas überlässt, was KEIN gesetzliches Zahlungsmittel ist?

Scheint absurd, aber wie üblich in der Juristerei findet sich für jede noch so fernliegende Meinung ein Vertreter – man muss sich ja irgendwie profilieren. So vertritt beispielsweise der gebräuchlichste Praktikerkommentar im Zivilrecht – der Palandt – die Auffassung, dass die Gutschrift auf dem Konto des Darlehensnehmers oder das Einräumen eines Überziehungskredites den Anspruch des Darlehnsnehmers aus dem Darlehnsvertrag erfülle (Palandt, § 488 Rn 7).

Wie jetzt? Ich habe Anspruch auf einen (Bar-) Geldbetrag und die Bank will diesen Anspruch mit einer Buchungszeile erfüllen? Die Gutschrift auf meinem Konto heißt ja nichts weiter, als dass ich

---

[19] https://www.bundesbank.de/de/service/schule-und-bildung/schuelerbuch-geld-und-geldpolitik-digital/geld--das-man-nicht-sehen-kann-614126

gegen meine Bank eine Forderung in Höhe des ausgewiesenen Betrages habe – und zwar auf richtiges Geld, nämlich auf Bargeld.

Die Bank will also den Anspruch auf einen Geldbetrag (aus dem Darlehensvertrag) mit einem Anspruch auf einen Geldbetrag (aus dem Kontoguthaben) erfüllen. Das erscheint einigermaßen paradox.

Wenn man sich eine solche Vorgehensweise in einem anderen Kontext vorstellt, wird offensichtlich, wie weit hergeholt diese Meinung ist:

Stellen Sie sich vor, Sie kaufen sich im Autohaus um die Ecke einen neuen VW Golf. Sie legen das Geld in bar auf den Tresen und der Verkäufer händigt Ihnen einen Zettel aus, auf dem steht, dass Sie berechtigt sind, einen VW Golf in Wolfsburg abzuholen.

Wann wird Ihr Anspruch auf Übereignung des VW Golf erfüllt sein? Wenn Sie den Zettel vom Autohändler bekommen oder wenn Sie das Auto erhalten?

Niemand würde in dieser Konstellation auf die Idee kommen, dass der Zettel den Anspruch auf Übereignung des VW Golf erfüllt.

Aber nichts anderes macht die Bank. Sie stellt Ihnen einen Zettel aus (Kontoauszug), auf dem steht, dass Sie einen Anspruch gegen die Bank haben.

Interessant ist, was die Rechtsprechung dazu sagt:

Der Bundesgerichtshof hat in einer Entscheidung aus dem Jahre 1953 (Aktenzeichen V ZR 92/51) klipp und klar in den Leitsatz geschrieben:

„Die Überweisung einer Geldsumme auf das Girokonto des Gläubigers ist eine Leistung an Erfüllungsstatt."

Dem Nichtjuristen mag das vorerst nicht weiterhelfen, ich erkläre es aber gleich.

Und weiter der BGH in den Entscheidungsgründen:

„Sie (die Überweisung – Anm. d. Verf.) *bringt das Schuldverhältnis dann zum Erlöschen, wenn der Gläubiger diese Leistung annimmt. Eine Verpflichtung, eine solche Buchgeldzahlung anzunehmen, besteht grundsätzlich nicht."*

Der BGH will sagen: Wenn nichts anderes vereinbart ist, hat die Zahlung einer Geldsumme in BAR zu erfolgen. Überweist der Schuldner ohne eine solche Vereinbarung den geschuldeten Betrag auf ein Konto des Gläubigers, handelt es sich nicht um die eigentlich geschuldete Leistung (=Bargeld), sondern um eine andere Leistung, eine sog. „Leistung an Erfüllungs statt".

Was ist eine solche „Leistung an Erfüllungs statt"?

Nach deutschem Recht erlischt ein Schuldverhältnis dann, wenn „die geschuldete

Leistung an den Gläubiger bewirkt wird." (§ 362 Absatz 1 BGB)

Zur Verdeutlichung ein einfaches Beispiel: A und B schließen einen Kaufvertrag, in dem vereinbart wird, dass der A dem B ein grünes Moped der Marke XY, Fahrgestellnummer 123456, übereignen soll.

A erfüllt nur dann den Vertrag, wenn er genau dieses im Vertrag beschriebene Moped dem B übereignet.

Jedes andere Moped ist grundsätzlich nicht geeignet, den Vertrag, den A und B geschlossen haben, zu erfüllen, da die „geschuldete Leistung" ein exakt definiertes grünes Moped, Marke XY, Fahrgestellnummer 123456 ist.

Dennoch kann jedes andere Moped das Schuldverhältnis aus dem Kaufvertrag zum Erlöschen bringen - aber NUR dann, wenn der B das andere Moped „an Erfüllungs statt" annimmt.

In einem solchen Falle nimmt der B gemäß § 364 Absatz 1 BGB eine andere Leistung anstelle der geschuldeten Leistung an und akzeptiert die andere Leistung als Vertragserfüllung.

Dafür ist aber zwingend erforderlich, dass der B die eigentlich falsche Leistung als Erfüllung akzeptiert.

Was heißt das jetzt für unsere Ausgangsfrage?

Ganz einfach und eindeutig: Die Bank kann den Darlehensvertrag nur mit Bargeld erfüllen. Nur

Bargeld kann ein „Geldbetrag" im Sinne des § 488 BGB sein, da ausschließlich Bargeld gesetzliches Zahlungsmittel ist.

PUNKT und Pause.

Eine Überweisung des Darlehensbetrages auf ein Girokonto des Darlehensnehmers ist KEINE Vertragserfüllung gemäß § 362 BGB, da die Bank eben kein Buchgeld, sondern Bargeld schuldet.

Die Forderung des Darlehensnehmers kann nur dann mit Buchgeld erfüllt werden, wenn der Darlehensnehmer diese andere Leistung akzeptiert und damit gemäß § 364 BGB „an Erfüllungs statt" annimmt.

Die Antwort auf die Ausgangsfrage lautet also:

Eine Bank schuldet aus einem Kreditvertrag grundsätzlich Bargeld, es sei denn, es ist vertraglich etwas anderes vereinbart.

Buchgeld kann nur dann den Anspruch des Darlehensnehmers aus dem Darlehensvertrag erfüllen, wenn dies explizit vereinbart ist oder der Darlehensnehmer dieses Buchgeld an Erfüllungs statt annimmt und akzeptiert.

Insbesondere im Rahmen der aufkeimenden Diskussion um die Abschaffung des Bargelds sollte diese vom Kopf auf die Füße gestellt werden: Es geht eben nicht, dass man 1-2-3 das Bargeld abschafft und den Leuten sagt, sie mögen alles mit Karte zahlen.

Einzig und allein Bargeld ist gesetzliches Zahlungsmittel, wogegen die Schaffung von Buchgeld durch Privatbanken nicht einmal eine gesetzliche Grundlage hat.

Insofern könnte es die Banken teuer zu stehen kommen, wenn sie die Bargeldabschaffung weiter forcieren – denn wenn Giralgeld gesetzliches Zahlungsmittel werden soll, wird sich mit Recht die Frage stellen, ob das dann weiter die Geschäftsbanken erzeugen sollten.

Kapitel 5

„Die Gretchenfrage"

Vertiefung der Ausführungen zum systemimmanenten exponentiellen monetären Wachstumszwang

Zum Abschluss dieser Abhandlung soll abschließend, erschöpfend und endgültig die Frage behandelt werden, ob die Geldschöpfung aus dem Nichts in Verbindung mit dem Zins zwangsläufig zu einem ständigen Wachstum der Geldmenge führt.

Dies habe ich insbesondere in Teil I, Kapitel 1 ausgeführt.

Allerdings gibt es auch Autoren, die das Gegenteil behaupten.

Da der Wachstumszwang im Geldsystem ein – wenn nicht sogar DAS – zentrale Argument im Diskurs ist, muss der Frage auf den Grund gegangen werden.

In folgenden Punkten besteht zwischen beiden Lagern grundsätzlich Einigkeit:

1.) In einem Kreditgeldsystem wird immer nur dann neues Geld geschaffen, wenn eine Nichtbank (Verbraucher, Unternehmen, Staaten) bei einer Bank einen Kredit aufnimmt.

2.) Ohne Schuldverhältnisse kommt kein Geld in Umlauf.

3.) Würden in einem Kreditgeldsystem alle Schulden getilgt, gäbe es kein Geld mehr in der Volkswirtschaft.

Autoren wie Norbert Häring oder Otmar Pregetter würden hinzufügen: Nach der vollständigen Tilgung aller Kredite sind aber die Zinsen noch nicht bezahlt, da das Geld für die Zinsen in der Geldmenge nicht enthalten ist. So auch meine Darstellung in Teil I, Kapitel 1 – Sie erinnern sich an die vielen Inselbeispiele.

Und damit sind wir bereits bei der ganz entscheidenden Frage angelangt, mit der es sich auseinander zu setzen gilt:

Führt die Geldschöpfung aus dem Nichts in Verbindung mit dem Zins zwangsläufig zu einem ständigen Wachstum der Geldmenge oder können die Zinsen trotz stabiler Geldmenge aufgebracht werden?

Ausgangspunkt für die Betrachtungen soll folgendes Beispiel sein:

Stellen Sie sich wieder einmal vor, dass es eine Insel mit genau einer Bank und genau drei Kreditnehmern gibt. Jeder Kreditnehmer erhält am Jahresanfang einen Kredit von 100 Euro von der Bank.

Wie üblich in solchen Fällen möchte die Bank nicht nur den Kreditbetrag, sondern auch Zinsen haben und am Jahresende soll jeder der drei Kreditnehmer 100 Euro plus 5% Zinsen; also 105 Euro an die Bank zahlen.

Wenn man jetzt wieder ein wenig rechnet, wird schnell klar, dass die Bank 3x100=300 Euro geschaffen hat, aber 3x105=315 Euro zurück haben will. Da sieht auch jeder schnell ein, dass ein solches Unterfangen unmöglich ist.

Die Bank erzeugt immer nur die Geldmenge für den Kredit, nicht jedoch für die Zinsen. Keine Bank erzeugt auch nur einen einzigen Euro, der originär für Zinszahlungen verwendet werden soll.

Das ist zwischen den verschiedenen Lagern ebenfalls unstreitig.

Also kann nur der Kreditbetrag, nicht jedoch die Zinsen an die Bank gezahlt werden. Zinszahlungen sind nur dann möglich, wenn neues Geld in das System gelangt. Und neues Geld gelangt wiederum ausschließlich als Kredit in das System, für den seinerseits wiederum Zinsen zu zahlen sind. Die Kreditnehmer benötigen also einen weiteren Kredit, um ihre Zinsen zu bezahlen. Das entspricht einem klassischen Schneeballsystem - auch Pyramidenspiel genannt.

So die Argumentation von Pregetter und Häring und meinerseits am Anfang dieses Buches.

Dennoch gibt es Autoren, die behaupten, dass Zinszahlungen auch ohne Geldmengenwachstum möglich sind und formulieren:

„... widerlegen wir die mancherorts zu findende These, dass allein die Kreditgeldschöpfung bereits

zu einem Wachstumszwang führen würde, da der Zins eine ständige Ausweitung der Geldschöpfung bedinge."

(Wenzlaff/Kimmich/Richters in „Theoretische Zugänge eines Wachstumszwanges in der Geldwirtschaft", 2014, Abstract)[20]

Das Modell dieser Vertreter beruht auf der Annahme, dass Banken ihre Einnahmen aus Zinsen wieder in den Geldkreislauf einspeisen und diese somit für die Rückzahlung der Kredite zur Verfügung stehen.

Nach dieser Theorie passiert auf unserer Insel im Ausgangsbeispiel in etwa Folgendes:

Die Bank gibt im Januar wie gehabt an alle drei Kreditnehmer 100 Euro zu 5% Zinsen heraus.

Im Juni zahlen alle drei Kreditnehmer eine erste Rate in Höhe von 5 Euro an die Bank. Die Bank erzielt also Einnahmen in Höhe von 3x5=15 Euro und verbucht diese als Zinsertrag.

Die Bank gönnt sich im August von Kreditnehmer A eine Organisationsberatung und zahlt dafür 15 Euro an A.

---

[20] http://geld-und-nachhaltigkeit.de/publikationen /theoretische-zugaenge-wachstumsnotwendigkeit/

Damit sind die Zinsen aller 3 Kreditnehmer (3x5=15 Euro) von der Bank wieder in das Geldsystem eingespeist worden und stehen für die Rückzahlung zur Verfügung.

Am 31.12. befinden sich 300 Euro im Insel-Geldsystem, die für die vollständige Rückzahlung der Kredite verwendet werden können. Wenn sich jetzt noch die 300 Euro gleichmäßig auf die drei Kreditnehmer verteilen, dann hat keiner ein Problem mit der Bank.

In diesem Beispiel sind Zinszahlungen ohne Geldmengenwachstum möglich.

Kann man sich mit dieser Argumentation des Problems entledigen?

Zunächst lässt sich feststellen, dass alle Zinseinkünfte einer Bank letztlich in die Gewinn- und Verlustrechnung einfließen, so dass aus dieser abgeleitet werden kann, wie die eingenommenen Zinsen verwendet werden.

Sehen wir uns beispielhaft die Gewinn- und Verlustrechnung der Deutschen Bank aus dem Jahresabschluss des Geschäftsjahres 2015 an:

Aus Zinsen und ähnlichen Erträgen hat die Deutsche Bank im Jahre 2015 insgesamt 10.400 Mio. Euro eingenommen. Abzüglich des Zinsaufwandes von 6.800 Mio. Euro ergibt sich ein Zinsüberschuss von 3.600 Mio. Euro.

Zusammen mit den Erträgen aus Aktien, Beteiligungen und Anteilen an verbundenen Unternehmen (8.600 Mio. Euro) sowie den Überschüssen aus dem Provisionsgeschäft (7.500 Mio. Euro) ist der Zinsüberschuss damit eine der wesentlichen Einnahmepositionen der Deutschen Bank.

Die beiden größten Positionen auf der Ausgabenseite sind der Verwaltungsaufwand mit 8.900 Mio. Euro und der Personalaufwand mit 5.800 Mio. Euro.

Jetzt könnte man meinen, dass über Löhne und Gehälter (=Personalaufwand) sowie Mieten, Büromaterial und sonstigen Verwaltungsaufwand der Zinsüberschuss wieder in den Geldkreislauf zurückgespeist wird und damit für die Rückzahlung von Krediten zur Verfügung steht.

Für diese Interpretation spricht auch, dass die Deutsche Bank im Jahre 2015 einen Jahresüberschuss von gerade mal 30 Mio. Euro erzielt hat und damit fast alle Einnahmen inklusive Zinsüberschuss auch wieder ausgegeben hat. Auf den Zinsüberschuss bezogen könnte man meinen, dass von 3.600 Mio. Euro Zinsüberschuss max. 30 Mio. Euro einbehalten wurden, selbst wenn sich der Jahresüberschuss ausschließlich aus dem Zinsüberschuss generieren würde.

Man könnte also sagen, dass die Deutsche Bank weniger als 1 Prozent des Zinsüberschusses einbehalten hat und mehr als 99 Prozent wieder ausgegeben hat.

Soweit so gut – allerdings darf man hier nicht aufhören, sondern muss noch einmal genauer hinschauen, um das Folgeproblem zu erkennen.

Denn das entscheidende Problem wartet in Gestalt des Zinsaufwandes.

Das wirkliche geldsystemische Problem ist der Zinsaufwand, der bei der Deutschen Bank im Jahre 2015 stolze 6,8 Mrd. Euro betrug.

Warum?

Weil diese 6,8 Mrd. Euro an die Inhaber von Guthaben bei der Deutschen Bank bzw. andere Geldgeber ausgezahlt werden.

Und jetzt muss man sich die Frage stellen, was diese Zinsbezieher mit den erhaltenen Zinsen machen. Kommen die Zinseinkünfte wieder im großen Topf namens Geldsystem an oder werden sie diesem vorenthalten?

Oder anders gefragt: Werden diese 6,8 Mrd. Euro von den Zinsbeziehern wieder in den Geldkreislauf eingespeist und stehen damit für die Rückzahlung von Krediten zur Verfügung oder werden die Zinsen dem Geldkreislauf vorenthalten und stehen damit nicht für die Rückzahlung von Krediten zur Verfügung?

In der Studie „Wachstumszwänge in der Geldwirtschaft" der Autoren Freydorf, Kimmich u.a. aus dem Jahre 2012[21] wird genau dieses Problem analysiert:

Die Autoren beschäftigen sich mit der Frage, welche Verwendungsmöglichkeiten die Bezieher von Zinseinkünften für ihre Einkünfte aus Zinsen haben und was aus den verschiedenen Szenarien der Mittelverwendung folgt.

Die Verfasser arbeiten fünf verschiedene Verwendungsmöglichkeiten für Zinseinkünfte heraus:

Szenario 1: Die Zinseinkünfte werden für Konsum genutzt.

Szenario 2: Die Zinseinkünfte werden zum Kauf von Sachvermögen genutzt.

Szenario 3: Die Zinseinkünfte werden in bar gehalten.

Szenario 4: Die Zinseinkünfte werden bei einer Bank eingezahlt und als Einlagen gehalten.

Szenario 5: Die Zinseinkünfte werden in profitorientierte Unternehmensformen investiert.

---

[21] https://www.uni-erfurt.de/fileadmin/user-docs/Finanzwissenschaft/Mitarbeiter/Wachstumszwaenge%20in%20der%20Geldwirtschaft.pdf

Ergebnis der Studie ist, dass nur im Szenario 1 die Zinseinkünfte wieder vollständig in den Geldkreislauf gelangen und damit in Gänze für die Rückzahlung von Krediten zur Verfügung stehen.

Die Szenarien 3 und 4 hingegen begründen einen exponentiellen monetären Wachstumszwang.

Entscheidender Punkt dabei ist, dass durch das Horten von Geld (egal ob in bar oder als Bankeinlage) dem Markt Geld entzogen wird, das aber zur Rückzahlung der Kredite PLUS Zinsen dringend erforderlich ist. Dieses fehlende Geld kann ausschließlich durch neue Kredite in das System gelangen, da eben nur auf diese Weise in unserem (Schuld-) Geldsystem neues Geld entsteht.

Nun mag der Leser einwenden, dass es nun ja wohl entscheidend darauf ankäme, in welchem Verhältnis die einzelnen Szenarien in der Realität existieren und sich daraus ergebe, wieviel Geld denn tatsächlich dem Geldkreislauf entzogen werde.

Dass ein solches Verhältnis eben gerade nicht spielentscheidend ist, führen die Verfasser ebenfalls aus:

„Aus der Mathematik ist bekannt, dass exponentiell wachsende Einflüsse mittelfristig alle konstanten, konvergenten, linearen oder polynomial divergenten Einflüsse dominieren, es sei denn ihr Anteil am Gesamteinfluss geht gegen

Null. Da Kapitaleinkünfte mit zunehmendem Sparvermögen steigen und mit steigendem Einkommen zugleich die Sparquote tendenziell steigt (sinkende marginale Konsumneigung), fließen Zinserträge zu einem immer kleineren Anteil in den Konsum. Insofern dürfte Szenario 1 (alle Einkünfte werden vollständig konsumiert) mit der Zeit immer mehr an Einfluss verlieren bzw. unwahrscheinlicher werden, wohingegen die übrigen Szenarien tendenziell mit der Zeit an Bedeutung gewinnen, mindestens eines sogar an Bedeutung gewinnen muss. ... Mittelfristig ergibt sich jedoch aufgrund der sinkenden marginalen Konsumneigung eine Dominanz der exponentiell verlaufenden, monetären Wachstumszwänge (Szenario 3 und 4)...."

(Freydorf/Kimmich u.a. „Wachstumszwänge in der Geldwirtschaft, 2012) [22]

Insofern ist im Ergebnis Folgendes festzuhalten:

Es gibt es in unserem Geldsystem einen exponentiellen monetären Wachstumszwang.

Dieser resultiert daraus, dass (auch das teilweise) Horten von Zinseinkünften in bar oder als Bankeinlage dem System Geld entzieht und dies ein exponentielles monetäres Wachstum bedingt. Da die exponentiellen Prozesse alle anderen überlagern, führt das Horten von Zinseinkünften,

---

[22] Ebenda, S. 39

insofern es nicht gegen Null tendiert, zu einem zwangsläufigen, exponentiellen Wachstum der Geldmenge.

Insofern ist es als bewiesen anzusehen, dass ein zinsbasiertes Schuldgeldsystem wie das unsrige zwangsweise ein ständiges Wachstum der Geldmenge bedingt.

Zuletzt ist zu konstatieren, dass die Sachlage etwas komplizierter ist, als in Teil I, Kapitel 1 dargestellt. Man muss noch einige weitere geistige Schleifen drehen, um den Sachverhalt vollkommen korrekt zu erklären. Die Schlussfolgerung aber, dass es einen systemimmanenten exponentiellen Wachstumszwang in unserem Geldsystem gibt, war bereits in Kapitel 1 zutreffend gezogen worden.

Nach den Erkenntnissen dieses Kapitels baut sich die logische Kette wie folgt auf:

1.) Die Bank schöpft (Giral-)Geld bei der Vergabe eines Kredites.

2.) Sie will den Kreditbetrag plus Zinsen zurück.

3.) Der Kreditbetrag verschwindet bei der Rückzahlung an die Bank; mit der Tilgung des Kredits wird das geschöpfte Geld wieder vernichtet.

4.) Die eingenommenen Zinsen gibt die Bank wieder aus.

5.) Ein Großteil der Zinsausgaben der Bank fließt als Guthabenzins den Eigentümern von Kapital zu.

6.) Diese Zinsbezieher geben die vereinnahmten Guthabenzinsen nur zum Teil wieder aus, einen anderen Teil der Zinseinnahmen horten sie.

7.) Die gehorteten Zinsen fehlen im System.

8.) Die aufgrund der Zinshortung fehlende Geldmenge muss kompensiert werden.

9.) Die fehlende Geldmenge wird (wie üblich) als Kredit erschaffen, für den seinerseits Zinsen zu zahlen sind.

q.e.d.

Auf einer weiteren Ebene passiert dann Folgendes, was zu einer weiteren Ausweitung der Geldmenge führt:

10.) Auf die gehorteten Zinsen der Zinsbezieher werden im nächsten Zyklus wiederum Guthabenzinsen fällig („Zinseszins").

11.) Der Zinseszins lässt die Guthaben der Zinsbezieher exponentiell wachsen.

12.) Je mehr Zinsen an die Zinsbezieher ausgezahlt werden müssen, desto mehr Geld muss im System sein.

13.) Die Geldmenge, die dem Zinsbezieher als Guthabenzins ausgezahlt wird, muss von irgendjemandem geschaffen werden.

14.) Mehr Geld schaffen die Banken über weitere Kreditvergaben.

Und so beißt sich die Katze mehrfach in den eigenen Schwanz...

Zur praktischen Anwendung dieser Erkenntnisse möchte ich das Inselbeispiel aus diesem Kapitel noch ein wenig erweitern.

Es ist das letzte Inselbeispiel dieses Buches. Versprochen.

Wir haben die uns mittlerweile bekannte Insel mit genau einer Bank und drei Kreditnehmern. Jeder Kreditnehmer erhält am Jahresanfang einen Kredit von 100.000 Euro zu 5% Zinsen von der Bank.

Im Juni zahlen alle drei Kreditnehmer die erste Rate in Höhe von 5.000 Euro an die Bank. Die Bank erzielt Einnahmen in Höhe von 3 x 5.000 = 15.000 Euro und verbucht diese als Zinsertrag.

Die Bank gönnt sich im August von Kreditnehmer A eine Organisationsberatung und zahlt dafür 15.000 Euro an A.

Bis hierhin sollte Ihnen die Geschichte vom Grunde her bekannt vorkommen – jetzt kommt die Abwandlung:

A ist auch sonst recht geschickt und berät auch B und C zu verschiedenen Themen zu je 15.000 Euro. Die restlichen Transaktionen unter den dreien sind neutral.

Tabellarisch sieht die Entwicklung wie folgt aus:

Dat.	Ereignis	A	B	C
01.01.	Kredite an A, B und C	100 T€	100 T€	100 T€
01.06.	3 x 5 T€ Euro an Bank	95 T€	95 T€	95 T€
01.08.	A berät Bank für 15 T€	110 T€	95 T€	95 T€
01.09.	A berät B für 15 T€	125 T€	80 T€	95 T€
01.10.	A berät C für 15 T€	140 T€	80 T€	80 T€
31.12.	Tag der Abrechnung	140 T€	80 T€	80 T€

Am 31.12. stellt sich die Lage wie folgt dar:

A besitzt 140.000 Euro, B und C jeweils 80.000 Euro.

A kann als EINZIGER seine Verbindlichkeit gegenüber der Bank in Höhe von 100.000 Euro begleichen und noch 40.000 Euro auf die hohe Kante legen.

B und C fehlen in Summe genau die 40.000 Euro, die A erwirtschaftet hat, um ihre Verbindlichkeiten gegenüber der Bank auszugleichen.

B und C können nur dann ihre Verbindlichkeiten erfüllen, wenn neues Geld in das System kommt. Neues Geld kann nur dann in das System gelangen, wenn einer der Drei einen neuen Kredit bei der Bank aufnimmt.

Nun A legt die 40.000 Euro bei der Bank zu 4% Zinsen an. Es fallen im ersten Jahr auf diese 40.000 Euro Zinsen in Höhe von 1.600 Euro an. Diese 1.600 Euro müssen ebenfalls in das System kommen, sonst kann A keine Zinsen erhalten. Da es keinen anderen Weg gibt Geld zu erzeugen, müssen auch diese 1.600 Euro als Kredit erzeugt werden.

Legt A die 40.000 Euro nun länger bei der Bank zu 4% Zinsen an, passiert Folgendes:

Jahr	Kapital	Zinsen pro Jahr	Zinsen gesamt
0	40.000,00 €		
1	41.600,00 €	1.600,00 €	1.600,00 €
2	43.264,00 €	1.664,00 €	3.264,00 €
3	44.994,56 €	1.730,56 €	4.994,56 €
4	46.794,34 €	1.799,78 €	6.794,34 €
5	48.666,12 €	1.871,77 €	8.666,12 €
6	50.612,76 €	1.946,64 €	10.612,76 €
7	52.637,27 €	2.024,51 €	12.637,27 €
8	54.742,76 €	2.105,49 €	14.742,76 €
9	56.932,47 €	2.189,71 €	16.932,47 €
10	59.209,77 €	2.277,30 €	19.209,77 €
15	72.037,74 €	2.770,68 €	32.037,74 €
20	87.644,93 €	3.370,96 €	47.644,93 €
25	106.633,45 €	4.101,29 €	66.633,45 €
30	129.735,90 €	4.989,84 €	89.735,90 €

Durch den Zinseszinseffekt vermehrt sich das Kapital des A exponentiell. Nach sechs Jahren ist das Kapital des A bereits auf 50.000 Euro angewachsen, nach zehn Jahren auf fast 60.000 Euro und nach 30 Jahren hat der Zins das Kapital des A mehr als verdreifacht.

Für unsere Betrachtungen besonders interessant ist der Blick auf die letzte Spalte: In den 30 Jahren müssen insgesamt 89.735 Euro in das Insel-Geldsystem eingespeist werden, nur um dem A die Zinsen auf ursprünglich 40.000 Euro zu zahlen.

Und da – wie Sie als Leser längst wissen – auch diese 89.735 Euro nur als Kredit entstehen können, ist nun ganz deutlich sichtbar, dass unserem Geldsystem ein systemimmanenter exponentieller Zwang zum Geldmengenwachstum innewohnt. Das Horten von Geld durch A löst in Verbindung mit dem Zins einen jährlich ansteigenden Bedarf an zusätzlichem Geld aus.

Im Ergebnis ist festzustellen, dass der Wachstumsdruck auf die Geldmenge letztlich aus zwei verschiedenen Richtungen kommt.

Zunächst fehlt (nur) das gehortete Geld im System. Die fehlende Geldmenge muss durch neues Geld (=neue Schulden) kompensiert werden.

In einem weiteren Schritt fallen auf die gehorteten Gelder Zinsen an. Auch diese Zinsen müssen als

Kredit erzeugt werden und in das System eingespeist werden.

Und so muss die Geldmenge immer weiter wachsen. Wachsen kann sie aber nur, wenn immer neue Kredite aufgenommen werden. Dies wiederum erfordert jedoch solvente Kreditnehmer, denen die Bank auch zutraut, Kredit plus Zinsen zurückzahlen zu können. Fehlen die solventen Schuldner oder fehlt das Vertrauen der Bank, stockt die Kreditvergabe und das ganze System gerät ins Wanken.

Fazit

Wir haben derzeit ein Geldsystem, das nicht einmal theoretisch funktionieren kann. Unser Geldsystem hat systemische Fehler, die es nach einer bestimmten Zeit zwangsläufig kollabieren lassen.

Geldschöpfung, Zinssystem, Zinseszins. Geldmengenwachstum, Wirtschaftswachstum und Inflation sind untrennbar miteinander verbunden und bedingen sich gegenseitig.

Ausgangspunkt ist stets die Geldschöpfung als Kredit, die alle anderen Erscheinungen hervorruft.

Banken schöpfen Geld aus dem Nichts. Das kostet sie faktisch auch nichts und bringt eine sehr ansprechende Rendite.

Gewinner unseres Geldsystems sind nur diejenigen, die mehr Zinsen einnehmen als sie bezahlen müssen. Da die Menschen nicht nur für die Zinsen der eigenen Kredite, sondern auch für die der Unternehmen und des Staates aufkommen müssen, sind weit über 90% in Deutschland Netto-Zinszahler, selbst wenn sie nicht verschuldet sind.

Das Zünglein an der Waage ist die Hortung von Zinseinkünften, die über den Zinseszins sowohl Vermögen als auch Schulden exponentiell steigen lässt.

Was tun?

Was muss geändert werden, um zu einer nachhaltigen, neuen Geldordnung zu kommen, die oben beschriebene Verwerfungen nicht hervorruft?

Im Folgenden möchte ich einige Ansätze skizzieren, die es wert sind, in einer breiten Öffentlichkeit diskutiert zu werden.

1.) 100% Mindestreserve

In einem 100%-Mindestreservesystem müsste jede Geschäftsbank den Betrag, den sie als Kredit vergeben will, zu 100% als Mindestreserve hinterlegen. Zur Erinnerung: Heute muss die Bank nur 1% Mindestreserve hinterlegen. Benötigt die Bank heute also nur 1.000 Euro Zentralbankgeld, um 100.000 Euro Kredit zu erzeugen, würde sie dann 100.000 Euro benötigen. Damit würde jedem 1 Euro Giralgeld, das die Geschäftsbanken erzeugen, 1 Euro Zentralbankgeld gegenüberstehen.

Ein solches 100%-Reservesystem hätte mehrere positive Effekte:

a) Der Staat kontrolliert die Geldmenge zu 100% und kann so die Geldpolitik jederzeit an die wirtschaftlichen Verhältnisse anpassen und sowohl Inflation als auch Deflation vermeiden. Der Staat hätte - anders als die EZB derzeit - einen realen

Einfluss auf die Geldmenge. Und zwar auf die Geldmenge der Geschäftsbanken.

b) Die Staatsverschuldung geht zurück, da die Banken nunmehr Zinsen für 100% Mindestreserve an die Zentralbank zahlen müssen, die ihren Gewinn wiederum an den Staatshaushalt abführt.

Technisch wäre ein 100%-Mindestreservesystem relativ einfach umsetzbar; am sonstigen derzeitigen System müssten keine weiteren grundlegenden Änderungen vorgenommen werden.

Einzige notwendige Änderung ist die Anpassung des Mindestreservesatzes von derzeit 1 auf 100 Prozent.

Der Nachteil des 100%-Reservesystems besteht darin, dass sowohl das Schuldgeldsystem an sich als auch das Zinssystem weiter bestehen bleibt und somit auch in einem 100%-Mindestreservesystem der systemimmanente monetäre Wachstumszwang fortbesteht.

2.) Vollgeldsystem

Eine weitergehende Alternative ist ein so genanntes Vollgeldsystem.

In einem Vollgeldsystem schöpft der Staat alles Geld selbst und bringt es nicht als Kredit (wie heute oder auch im 100%-Mindestreservesystem), sondern durch die Bezahlung von Leistungen (bspw. Infrastrukturleistungen, Entlohnung der Staatsbediensteten, etc.) in Umlauf.

Das so in Umlauf gebrachte Geld ist sog. Vollgeld, da es im Gegensatz zum Schuldgeld nicht als Kredit geschaffen wurde. Damit muss es auch nicht zuzüglich Zinsen zurückgezahlt werden und es entfällt der permanente Druck, dass ständig mehr Geld in Umlauf kommen muss, um das System am Laufen zu halten. Auch im Vollgeldsystem kontrolliert der Staat die Geldmenge vollständig und kann je nach Wirtschaftslage mehr Geld in Umlauf bringen oder die Geldmenge verringern. Banken können nur das Geld als Kredit vergeben, dass ihnen tatsächlich zugeflossen ist. Geschäftsbanken können selbst kein Geld mehr schöpfen.

Ein solches Vollgeldsystem wäre ein großer Schritt in die richtige Richtung, stellt es doch eine Abkehr vom bisherigen, für die derzeitige Krise zumindest mitverantwortliche, Schuldgeldsystem dar.

Allerdings, und auch das möchte ich nicht verschweigen, löst auch das Vollgeldsystem nicht alle Probleme. Das Thema Zins muss gesondert behandelt werden, da auch im Vollgeldsystem zunächst einmal für Kredite Zinsen zu zahlen wären und Guthaben verzinst werden. Insgesamt besteht zum Themenkomplex der Alternativen zum bisherigen Geldsystem ein großer Bedarf an Aufklärung und Diskussion.

Nachwort

Wenn man das Geldsystem verstanden hat, fällt es schwer, die täglichen Meldungen über die Finanzkrise, die Krisengipfel, die Rettungspakete und alles was damit im Zusammenhang steht zu ertragen.

Staaten retten Banken, sind anschließend selbst bankrott und leihen sich Geld bei den Banken, die sie eben noch gerettet haben. Die Banken ihrerseits erzeugen das Geld aus dem Nichts durch ein paar Klicks auf der Tastatur eines Computers und lassen es sich plus Zinsen zurückzahlen.

Der blanke Irrsinn.

Keine einzige der Maßnahmen, welche seit Beginn der Krise zu ihrer Lösung präsentiert wurden, war auch nur ansatzweise in der Lage, die Krise zu lösen. Die Maßnahmen waren bestenfalls dazu geeignet, den unvermeidlichen Crash hinauszuzögern.

Lösen kann man diese Krise nur dann, wenn man das Geldsystem als grundlegende Ursache erkennt und es VERÄNDERT.

Um noch einmal das Eingangsbild vom Baum aufzugreifen:

Man darf nicht nur die Äste verscheiden – man muss an die Wurzel ran.